AI와 토탈 뷰티 색채

AI문고

인공지능 시대입니다. 기계가 인간의 인지를 대신하고, 사물이 인간을 통하지 않고 다른 사물과 직접 커뮤니케이션합니다. 이에 따른 인간 삶과 문명 변화를 정확히 이해 · 예측 · 대응하는 것은 이 시대 우리 모두의 과제입니다. AI문고는 인공지능 기술과 환경의 여러 주제를 10가지 키워드로 정리합니다. 관련 개념과 이론, 학계와 산업계의 쟁점, 우리 일상의 변화를 다룹니다. 인간과 기술의 현재, 미래를 세심히 분석합니다.

일러두기

- 인명, 작품명, 저서명, 개념어 등은 한글과 함께 괄호 안에 해당 국가의 원어를 병기했습니다.
- 외래어 표기는 현행 어문규정의 외래어표기법을 따랐습니다.

처음이세요?

전문가세요?

AI와 토탈 뷰티 색채

최영미·김윤지

대한민국, 서울, 커뮤니케이션북스, 2025

AI와 토탈 뷰티 색채

지은이 최영미·김윤지
펴낸이 박영률

초판 1쇄 펴낸날 2025년 4월 30일

커뮤니케이션북스(주)
출판 등록 2007년 8월 17일 제313-2007-000166호
02880 서울시 성북구 성북로 5-11
전화(02) 7474 001, 팩스(02) 736 5047
commbooks@commbooks.com
www.commbooks.com

ISBN 979-11-7307-915-3 03500

책값은 뒤표지에 표시되어 있습니다.

차례

AI와 뷰티 산업

인공지능(Artificial Intelligence, AI)의 출현과 기술 발전은 뷰티 산업에 혁신적인 변화를 불러오고 있다. AI 기술은 소비자의 피부색, 피부 타입, 선호도, 구매 이력 등을 정교하게 분석해 뷰티 전문가들이 맞춤형 서비스를 제공할 수 있도록 지원한다. 이러한 데이터 기반 접근 방식은 뷰티 전문가의 작업 효율성을 높이고, 소비자와의 상호 작용을 강화하는 데 기여한다. 또한 소비자에게 개인화된 경험을 제공함으로써 소비자의 만족도를 향상시키고 있다.

과거에는 외모와 관련된 뷰티 제품 및 헤어, 메이크업, 네일아트 등의 뷰티 서비스에서 색채 선택은 주로 뷰티 전문가와 대중적인 기준에 의존했다. 그러나 현재는 소비자의 개별적인 요구와 특성에 맞춘 맞춤형 뷰티 컬러 솔루션을 설계해야 하는 새로운 상황에 직면하게 되었다(최영미 · 배승희, 2024). 이러한 변화는 뷰티 전문가들이 고객의 니즈를 효과적으로 충족할 수 있는 환경을 조성하는 데 중요한 역할을 하고 있으며, 이는 뷰티 서비스 산업을 더욱 경쟁력 있는 시장으로 발전시키고 소비자와의 관계를 심화시키는 긍정적인 결과를 가져오고 있다.

그러나 이러한 변화와 함께 AI 기술의 도입은 뷰티 전문가의 일자리 대체에 대한 우려와 막연한 불안감을 초래하고 있다. 2024년 2월 갤럽(Gallup) 조사에 따르면, 응답자의 22%가 인공지능 기술로 인해 자신의 일자리를 잃을 것에 대해 걱정하고 있으며, 포춘(Fortune) 500대 기업의 인사 담당자 중 72%는 향후 3년 이내에 AI가 일자리를 대체할 것으로 예측했다. 이러한 결과는 인공지능의 발전이 가져올 수 있는 사회적 변화에 대한 불안감을 시사한다(AI 매터스, 2024).

그러나 인간의 감성과 창의력, 숙련된 기술은 AI가 완전히 대체할 수 없는 고유한 영역이다. 이러한 점에서 뷰티 전문가들은 AI 기술 발전과 인간의 전문성을 조화롭게 결합해 지속 가능한 발전을 모색해야 한다.

뷰티 산업은 인간의 감성과 창의력을 요구하는 분야로, 인체를 건강하고 아름답게 관리하기 위해 제공되는 다양한 서비스와 이를 지원하는 화장품, 미용 용품 및 기기의 제조, 생산, 개발과 관련된 산업을 포함한다. 뷰티 산업은 크게 헤어, 피부, 네일, 메이크업 등으로 구분되는 뷰티 서비스 산업과 화장품 및 미용 용품, 기기 등의 뷰티 제조 산업으로 나눌 수 있다. 또한 의료, 관광, 패션, 식품 등과 같이 뷰티 산업과 직 · 간접적으로 연계되어 부가 가치를 창출할 수 있는 분야는 뷰티 연관 산업으로 분류된다(한국보건산업진흥원, 2012).

일반적으로 뷰티 산업은 인적 산업으로 간주된다. 이는 '하이테크(High tech)'와 대비되는 개념인 '하이터치(High touch)'의 대표적인 예로 볼 수 있다. 하이테크와 하이터치라는 개념은 미래학자 존 나이스비트(John Naisbitt, 2000)가 그의 저서 『하이테크-하이터치(High Tech-High Touch)』에서 처음 제안한 것이다. 하이테크는 기술과 데이터 중심의 접근을 의미하는 반면, 하이터치는 인간 중심의 요소를 강조한다. 즉 뷰티 산업은 인간 중심적인 요소가 중요한 산업이다.

미국의 비영리 조사 연구 기관인 퓨 리서치 센터(Pew Research Center)가 발표한 보고서에 따르면, 인공지능과 로봇 기술의 발전이 실직에 대한 우려를 증가시키고 있는 상황 속에서 하이터치로 불리는 고감도 영역의 직업들은 로봇에 의해 대체될 가능성이 상대적으로 낮을 것이라고 예측하고 있다. 하이터치 직업군에는 헤어디자이너, 메이크업 아티스트, 네일 아티스트, 의사, 간호

사, 물리치료사 등이 포함된다. 이들 직업은 사람 간의 직접적인 대면과 인간의 손길이 중요한 역할을 한다. 이러한 특성 덕분에 하이터치 직업은 비교적 오랜 시간 동안 지속될 가능성이 높을 것으로 전망되고 있다.

하이테크와 하이터치는 기술과 인간의 상호 작용을 조화롭게 결합해 미래를 대비하고 성공적인 관계를 구축하는 데 중요한 역할을 한다. 인공지능과 인간의 협력은 뷰티 산업의 혁신을 끌어내고 고객에게 더욱 향상된 경험을 제공하는 데 기여할 것이다.

뷰티 전문가들은 인공지능에 대한 막연한 두려움을 극복하고, 이를 뷰티 산업에 유용한 기술로 인식해야 한다. 따라서 인공지능 기술의 적용과 활용을 이해하고 적절히 대응하는 것이 중요하다. 이러한 논의가 뷰티 전문가들이 미래를 준비하는 데 도움이 되기를 바란다.

뷰티 산업의 패러다임의 변화

현대 뷰티 산업은 디지털 혁명과 소비자의 요구 변화로 인해 큰 전환점을 맞고 있다. 과거의 뷰티 제품과 서비스가 대중적인 기준에 의존했다면, 현재는 인공지능 기술과 '초개인화(Hyper-personalization)'에 기반한 '뷰티 테크(Beauty Tech)'의 출현으로 새로운 패러다임으로 변화하고 있다. 인공지능 기술의 도입은 개개인이 원하는 맞춤형 색채 뷰티 솔루션을 제공함으로써 초개인화 시대의 필수 요소로 자리 잡고 있다.

인공지능 기술의 발전과 소비자 요구의 변화에 발맞춰 뷰티 산업은 지속적으로 진화하고 있다. 뷰티 전문가들뿐만 아니라 기업들도 소비자 개개인의 맞춤형 스타일을 만족시키기 위해 기존의 개인화 마케팅 전략에서 벗어나 새로운 접근법을 모색하고 있다. 소비자의 성별, 연령, 직업, 판매 카테고리 등 군집별로 데이터를 관리하고 타겟 마케팅을 하던 전통적인 방식에서 최근의 AI 초개인화는 소비자의 개별적 특성과 취향, 상황에 집중한다는 점에서 차별화된다. 초개인화는 소비자의 니즈를 예측해 보다 정교한 서비스를 제공하는 것을 목표로 한다(이재영 · 진범섭, 2024).

인공지능 기술을 이용하면 더 개인화된 제품을 출시할 수 있다. 인공지능 기술은 초개인화 뷰티 전략을 통해 소비자의 피부색, 얼굴형, 체형 등의 데이터를 분석해 소비자의 선호도를 파악하고, 다양한 이론을 바탕으로 예측 및 판단해 최적의 맞춤형 상품과 뷰티 솔루션을 제공한다(한정훈, 2023). 이러한 변화는 뷰티 산업의 패러다임을 혁신적으로 전환하며, 뷰티 전문가와 소비자와의 관계를 더욱 깊고 개인화된 방식으로 발전시키고 있다.

뷰티 테크

'뷰티 테크(Beauty Tech)'는 미용(Beauty)과 기술(Technology)의 합성어로, 미용 기술과 인공지능, 사물인터넷(Internet of Things, IoT), 빅데이터(Big Data), 모바일(Mobile), 로봇(Robot) 등 첨단 기술이 융합된 분야를 의미한다. 이는 빠르게 변화하는 뷰티 산업에서 인공지능 기술과 디지털 전환(Digital Transformation, DX)의 융합이 가속화되고 있음을 나타낸다(한국보건산업진흥원, 2020).

글로벌 시장 조사 및 통계 전문 기관 스태티스타(Statista)에 따르면, 2023년 전 세계 뷰티 테크 시장의 매출 규모는 81억5천만 달러에 달하며, 이 시장이 연평균 4.98%씩 성장할 것으로 예측했다. 또한 2025년에는 한국의 뷰티 테크 시장이 5.6억 달러의 수익을 창출할 것으로 보이며, 이는 매우 밝은 성장세를 나타낸다.

로레알(L'Oreal), 에스티로더(Estee Lauder), 시세이도(Shiseido) 등 전통 뷰티 기업들은 연구 개발 및 스타트업 기술을 도입하여 디지털 혁신을 통해 뷰티 테크 기업으로 변모를 꾀하고 있다. 국내 뷰티 기업인 LG생활건강과 아모레퍼시픽도 관련 제품을 출시하며 이러한 흐름에 동참하고 있다.

2024년 세계 최대 가전, 정보 기술 박람회인 국제전자제품박람회(Consumer Electronics Show, CES)에서 로레알 그룹의 CEO 니콜라 이에로니무스(Nicolas Ieronymus)는 뷰티 기업으로는 최초로 기조연설을 진행했는데, 이는 뷰티 산업이 인공지능 기술과 융합해 나가고 있다는 중요한 의미를 지닌다. 또한, 로레알은 2018년에 증강 현실(Augmented Reality, AR) 기반의 피부 진단 및 가상 메이크업 기술을 보유한 기업 모디페이스(ModiFace)를 인수했다. CES 2024에서는 로레알과 랑콤 등 글로벌 화장품 업체들이 사용자의 신체를 스캔하고 알고리즘을 통해 상품을 추천하거나 카메라를 통해 피부 표면을 진단하는 AI 기반 뷰티 서비스를 선보이며 뷰티 테크의 혁신을 보여 주고 있다.

국내에서도 LG생활건강이 AI가 생성한 문신을 피부나 의류에 그려 넣을 수 있는 휴대용 타투 프린터 '임프린투'를 출시했으며, 아모레퍼시픽(Amorepacific)은 하나의 기기로 입술 상태를 진단하고 케어하는 동시에 메이크업까지 가능한 뷰티 디바이스 '립큐어빔'을 선보였다. AI와 AR 같은 첨단 기술의 발전은 뷰티 테크 업계에서 새로운 기술 트렌드를 주도하고 있다(이순례, 2024).

뷰티 테크는 안면 인식 기술을 통해 사용자의 얼굴 특징을 기반으로 뷰티 서비스의 개인화를 가능하게 한다. 안면 인식 기술은 알고리즘(Algorism)과 머신러닝(Machine Learning, ML)을 활용해 얼굴 특징을 분석하고 사용자를 인식 및 검증하는 생체 인식 기술로, 개인의 고유한 패턴과 특성을 평가해 맞춤형 뷰티 솔루션을 추천할 수 있다. 안면 인식 기술은 피부색, 눈동자 색, 눈 모양, 얼굴형 등 다양한 얼굴 속성을 평가하는 데 활용된다.

안면 인식 기술은 특히 모바일 뷰티 앱(Application)의 영역에서 중요한 역할을 한다. 이런 애플리케이션은 메이크업, 헤어스타일링, 네일아트 등 다양한 뷰티 서비스가 필요한 소비자에게 맞춤형 서비스와 제품 정보를 제공한다.

전 세계적으로 모든 산업이 기술 발전에 의해 급속히 변화하는 추세에 따라, 뷰티 산업 역시 인공지능 기술의 가속화와 함께 다양한 모습으로 진화할 것으로 기대된다. 뷰티 테크는 이러한 변화의 중심에서 새로운 가능성을 열어 가고 있다.

AI와 체험 경제

현대 사회는 초개인화 시대에 접어들며, 개인의 개성과 취향이 중시되는 사회적 경향이 뚜렷해지고 있다. 소비자들은 더 이상 일률적인 제품이나 서비스를 원하지 않으며 자신만의 독특한 경험을 추구한다. 다국적 컨설팅 전문회사 맥킨지(McKinsey)의 분석에 따르면, 71%의 소비자는 기업이 개인화된 경험을 제공할 것이라고 기대하고 있으며, 그중 76%는 그렇지 않을 경우 불만을 느낀다고 응답했다.

이러한 변화는 뷰티 산업에서도 뚜렷하게 나타나고 있다. 뷰티 산업에서는 소비자의 개별적인 요구를 충족시키기 위해 맞춤형 제품과 서비스를 제공하고 있으며, 이러한 개인 맞춤형 뷰티 서비스는 전문가와 소비자 간의 관계를 더욱 강화시킨다. 인공지능과 가상 현실 기술의 도입으로 사용자들은 다양한 스타일의 메이크업, 헤어, 네일아트 등을 가상으로 체험할 수 있게 되었다. 뷰티 산업에서 인공지능 기술의 융합은 체험 경제의 가치를 높이며, 소비자에게 더욱 몰입감 있는 쇼핑 경험을 제공한다. 또한 개인의 취향에 맞춘 맞춤형 서비스를 가능하게 한다.

체험 경제(Experience Economy)란 경제적 가치의 발전에 의해서 자연스럽게 파생된 경제 개념이다. 우리 사회의 경제적 상품은 범용품에서 시작해 제조품, 서비스, 그리고 체험 상품으로 발전해 왔다(이재석 외, 2011). 뷰티 산업에서 정보통신기술(Information and Communications Technology, ICT)과 인공지능 기술이 융합되면서 가격과 성능 중심의 시장 전략에서 벗어나 사용자 편의성과 가치 만족, 체험을 극대화하는 소비자 감성 지향적 전략을 추구하게 되었다.

파인과 길모어(Pine & Gilmore, 1998)의 체험 경제 이론(Experience Economy Theory)은 기업이 고객에게 가치 있는 경험을 제공하는 방향으로 변해 가고 있음을 보여 준다. 이 이론은 현대 소비자들은 단순히 상품이나 서비스를 제공받는 것이 아니라, 점차 경험적 소비를 추구하게 되며, 상품의 고유한 특성이 가치 있는 체험으로 진화하고 있음을 나타낸다.

파인과 길모어의 체험 경제 이론에서 제시하는 체험 요소(4Es)는 오락적(entertainment) 체험, 심미적(esthetic) 체험, 교육적(educational) 체험, 그리고 일탈(escapist) 체험으로 구성된다. 뷰티 서비스 산업에서는 특히 심미적 체험에 집중할 필요가 있다. 이 이론에서 심미적 체험은 체험 요소의 미를 발견하거나 체험을 통해 미를 느끼는 것을 의미하며, 이는 소비자에게 즐거운 기분 전환을 자극하고 촉진해 소비를 창출하는 역할을 한다. 기업과 뷰티 전문가들은 고객에게 가치 있는 경험을 제공해야 하며, 그 체험 자체가 하나의 상품으로 자리 잡게 될 것이다(차은정 · 김민신, 2024).

결과적으로, 뷰티 산업과 인공지능 기술의 융합은 체험 경제의 가치를 증대시키고 있으며, 소비자에게 몰입감 있는 쇼핑 경험과 개인의 취향에 맞춘 다양한 맞춤형 서비스를 제공할 수 있는 길을 열어 주고 있다. 또한 이러한 기술들은 소비자들이 더욱 개인화된 경험을 추구하는 데 기여해 앞으로 뷰티 전문가와 소비자 간의 관계를 강화하는 데 중요한 역할을 할 것으로 기대된다.

이 책의 내용 구성과 독자 이해

뷰티 색채는 뷰티 산업에서 핵심적인 역할을 하며 전문가의 뷰티 솔루션 설계와 소비자의 미적 경험을 풍부하게 만드는 중요한 요소다. 이 책은 인공지능 기술의 발전이 뷰티 산업 내 색채 분야에 미치는 혁신적인 변화와 미래를 10가지 키워드로 정리했다. 인공지능 기술이 뷰티 산업 내 색채 사용에 적용된 다양한 사례를 소개하고, 인간의 미적 경험이 어떻게 변화하고 있는지 심도 있게 살

펴보고자 한다. 또한, 이러한 기술적 변화에 뷰티 전문가들이 어떻게 효과적으로 대처해야 하는지를 모색한다. 더불어 학교에서 뷰티 관련 교육에 있어 색채 교육이 어떻게 도입되고 있는지를 분석하고, 마지막으로 뷰티 색채의 현재와 미래를 종합적으로 검토해 본다.

이 책을 통해 뷰티 분야에서 색을 다루는 전문가와 교육자들이 인공지능이 뷰티 산업의 색채 분야에 미치는 영향과 그 잠재력을 이해하고, 새로운 시대의 뷰티 산업 기술의 변화를 탐구하며, 빠르게 변화하는 시대에 필요한 역량 개발에 기여할 수 있기를 기대한다.

참고문헌

반세나(2022). 뷰티 테크 산업의 동향과 사례 연구. ≪케이뷰티인학회지≫, 2(3), 22-32쪽.

이순례(2024). 생성형 AI 기반 뷰티 테크 사례 연구: 이미지 생성 분야를 중심으로. ≪한국인체미용예술학회지≫, 25(3), 283-296쪽.

이재석 외(2011). Pine과 Gilmore의 체험 경제 이론에 따른 입체영화 체험, 체험가치 및 만족도에 관한 연구: 영화 '아바타'를 중심으로. ≪관광레저연구≫, 23(5), 281-298쪽.

이재영·진범섭(2024). 생성형 인공지능을 활용한 초개인화 마케팅의 자동화 시스템의 효과성 탐색: 향후 방향성과 전략적 시사점. ≪디지털콘텐츠학회논문지≫, 25(3), 823-832쪽.

차은정·김민신(2024). 인디 뷰티 브랜드 체험이 브랜드 태도와

충성도에 미치는 영향 연구: MZ세대 소비성향을 중심으로. ≪한국화장품미용학회지≫, 14(3), 457-470쪽.
최영미·배승희(2024). 퍼스널 컬러 유형별 파운데이션 컬러 분류체계 구축 및 이를 활용한 구매의도에 관한 연구. 건국대학교 박사 학위 논문.
추승우(2017). 체험 경제이론을 기초로 한 고객 체험품질 향상을 위한 체험마케팅 개발 방안에 관한 연구. ≪관광레저연구≫, 29(4), 5-22쪽.
한국보건산업진흥원(2020). 2020년 화장품산업 분석 보고서. https://www.khidi.or.kr/
한국보건산업진흥원(2012). 2012 보건 산업별 주요성과 및 이슈: 뷰티화장품 산업. https://www.khidi.or.kr/
한정훈(2023). AI가 바꾸는 산업들. ≪미디어 이슈&트렌드≫, 55, 28-51쪽.
황진희·김선희(2024). 뷰티 테크(Beauty Tech) 사례 연구 : 뷰티 테크 실행 프로세스 중심으로. ≪한국인체미용예술학 회≫, 25(1), 1-20쪽.
AI 매터스(2024). AI가 대체할 수 없는 8가지 직업, https://aimatters.co.kr/news-report/ai-report/3393
John Naisbitt(2000). Hi tech hi touch. 안진환 옮김. 『하이테크 하이터치』. 한국경제신문사(한경비피).
Pine, B. J., Gilmore, J. H.(1998). *The Experience Economy.* Boston: Harvard Business School Press.

01
뷰티 산업의 색채와 인공지능

인공지능을 활용한 뷰티 산업의 색채 기술은 소비자의 피부색, 퍼스널 컬러, 개인이 선호하는 색채 및 최신 트렌드를 종합적으로 반영해 맞춤형 뷰티 컬러 솔루션을 제공하는 데 혁신적인 역할을 한다.

AI와 1인 창업?

뷰티 산업의 색채

색채는 이미지 연출에 있어 매우 효과적인 요소로, 개인이 전달하고자 하는 메시지를 표현하는 데 중요한 역할을 한다. 이러한 색채는 메이크업, 헤어, 네일아트 등 다양한 뷰티 산업 분야에서 폭넓게 활용되며 각 분야의 특성과 소비자의 요구에 맞춰 다채롭게 변형되고 있다. 인간의 미와 이미지를 관리하는 뷰티 산업에서 색채 기술의 중요성과 그 효과는 매우 중요하며, 이는 소비자에게 보다 매력적이고 자신만의 개성 있는 이미지를 창출하는 데 도움을 준다.

특히 인공지능 기술의 발전은 색채의 활용 방식을 혁신적으로 변화시키고 있다. AI는 소비자의 선호도를 분석하고, 퍼스널 컬러 분석 및 최신 트렌드를 반영해 맞춤형 컬러 추천을 제공함으로써 뷰티 전문가와 소비자 간의 소통을 더욱 원활하게 만들어 준다. 이러한 기술적 진보는 뷰티 산업의 경쟁력을 높이고 소비자에게 더욱 개인화된 색채 경험을 제공하는 데 기여하고 있다.

앞으로 색채의 중요성은 더욱 두드러질 것으로 예상되며 뷰티 산업의 발전과 함께 지속적으로 진화할 것으로 기대된다. 이러한 변화는 소비자에게 새로운 미적 경험을 제공할 뿐만 아니라 뷰티 산업의 미래를 밝히는 중요한 요소로 작용할 것이다. 이러한 맥락에서 색채는 단순한 장식적 요소에 그치지 않고 뷰티 산업의 발전을 이끄는 핵심적인 역할을 할 것으로 기대된다.

AI 기술과 뷰티 색채의 융합

AI 기술과 색채 분야의 융합은 색상 분석의 정확성을 높이고 혁신적인 색상 생성 방법을 개발하는 데 기여한다. 이러한 기술의 융합은 다양한 디자인 및 기술 응용 분야에서 색상의 접근성을 향상시켰다(Zhu et al., 2017; Isola et al., 2017). 이러한 발전은 특히 뷰티 전문가들에게 색상을 분석하고 활용하는 능력을 크게 향상시켜, 개인 맞춤형 뷰티 컬러 솔루션을 제공하는 데 있어 중요한 역할을 하고 있다.

인공지능 기술은 뷰티 산업의 색채 디자인에서 색채 분석, 조합, 추천, 디자인 최적화 등 다양한 분야에 활용되며, 색채 기술의 혁신을 이끌고 있다. AI 기반 색채 기술은 색상 선택 및 조합 과정을 자동화해 디자이너와 소비자 모두에게 효율성을 제공하며, 이는 시간과 비용 절감에 기여한다. 이러한 자동화는 특히 대량의 데이터를 처리하는 데 강점을 가지며 소비자가 선호하는 색과 트렌드를 파악하는 데 유용하다. 머신러닝 알고리즘을 활용해 소비자의 구매 패턴을 예측하고 이를 바탕으로 색상 추천 시스템을 구축함으로써 브랜드는 소비자 맞춤형 색상 조합을 개발할 수 있다. 현재 인공지능을 활용한 색채 기술은 소비자의 개별적인 취향과 감성을 반영해 맞춤형 솔루션을 제공하고 있다. 뷰티 산업에서는 소비자가 자신의 피부색에 어울리는 색조 화장품 및 헤어, 네일 컬러, 패션 색상을 쉽게 찾을 수 있도록 도와준다. 또한, 증강 현실(AR) 기술을 활용해 소비자는 실제로 컬러를 사용해 보지 않고도 가상으로 립스틱, 블러셔, 아이섀도 등의 색조 화장품을 자신의 얼굴에 사용해 볼 수 있는 경험을 제공받는다. 이러한 기술들은 소비자와의 연결을 강화하고, 더 나은 뷰티 서비스와 구매 경험을 제공하는 데 기여하고 있다. 소비자는 자신의 개성과 스타일에 맞는 색상을 손쉽게 탐색하고 선택할 수 있으며 이는 소비자 만족도를 높이는 중요한 요소로 작용하고 있다.

AI 색채 기술은 앞으로도 계속해서 발전할 것이며 더욱 정교한 색상 분석 및 추천 시스템이 등장할 것으로 기대된다. 이러한 발전은 뷰티 산업뿐만 아니라 다양한 산업에서 색채의 활용도를 더욱 높일 것으로 예상된다. AI와 색채의 융합은 단순한 기술적 혁신을 넘어 소비자와 브랜드 간의 관계를 재정립하고 개인화된 경험을 제공하는 데 중요한 역할을 할 것이다.

AI 기반 색채 디자인 연구

AI 기반 색채 디자인 연구는 2000년대 초반부터 머신러닝과 컴퓨터 비전의 발전에 힘입어 크게 발전하고 있다(Goodfellow et al., 2016; LeCun et al., 2015). AI 알고리즘 기술 개발이 가속화됨에 따라 딥 러닝(Deep Learning) 및 신경망(Generative Adversarial Networks, GANs)을 활용하는 복잡한 응용 프로그램을 포함해 연구 범위가 크게 확대되고 있다(Radford et al., 2015). 이러한 기술들은 색상 선택 및 적용에 필요한 시간과 자원을 줄여 비용 절감과 생산성 향상에 두드러지게 기여하고 있다.

특히, 생성적 적대 신경망(GANs)과 같은 혁신적인 기술은 디자이너의 새로운 색상 팔레트와 스타일을 탐색하고 적용하는 데 있어 창의성을 증진시켰다.

GANs은 두 개의 신경망이 서로 경쟁하면서 학습하는 구조로, 창의적이고 예술적인 색상 조합을 생성할 수 있다. 이 기술은 기존에 없던 독창적인 색상 조합 생성을 가능하게 하며 특정 스타일이나 아티스트의 색상 사용 패턴을 학습하거나 모방할 수 있다. 또한 실시간으로 사용자의 피드백을 반영해 색상 조합을 개선할 수 있는 장점이 있다. 이러한 첨단 기술을 활용한 AI 색상 도구는 디자이너에게 큰 도움이 되고 있다(재능넷, 2024). 더불어. 색조 화장품의 조색 과정에서 발생하는 시행착오가 불가피해 막대한 시간과 비용이 소요되고 있는데, 이러한 문제를 AI 가상 시뮬레이션을 활용해 조색을 예측함으로써 제조 시간과 비용을 단축할 수 있다.

AI가 계속 발전함에 따라 색채 연구에의 적용이 확대되어 기술과 인간 창의성 사이의 격차를 해소하고 있다. 색채 연구의 발전은 더 정교한 도구와 기술을 제공할 가능성을 가지고 있으며, 이로 인해 색채 과학의 응용 분야에 AI를 탐구하고 통합할 필요성이 더욱 강조되고 있다(김주연, 2024).

보든(Margaret A. Boden, 1998)의 컴퓨터 창의성 이론에 따르면, AI는 인간 디자이너가 즉각적으로 인식하지 못하는 색상 조합과 패턴을 탐색할 수 있는 새로운 도구와 방법을 제공함으로써 새로운 디자인의 가능성을 열어 준다. 이는 AI와 인간 디자이너 간의 협업을 강조하는 중요한 요소다.

결론적으로 뷰티 전문가는 색채 활용에 있어 지속적인 학습과 기술 습득을 통해 AI와의 협업을 토대로 전문성과 창의력을 키우고 빠르게 변화하는 뷰티 산업의 색채 기술 환경에 적응할 수 있는 능력을 갖춰야 할 것이다.

참고문헌

김주연(2024). 인공지능 기술 기반의 색채 활용에 관한 문헌 연구. ≪한국색채학회 논문집≫, 38(3), 56-71쪽.

재능넷(2024). 인공지능 색상 조합: AI가 추천하는 완벽한 색상 팔레트의 비밀. https://www.jaenung.net/tree/3896?srsltid=AfmBOopyrAudkzCxMtql_ZhaHYzMTlj_PAnsWQsoHUUFIPL3tQZ3SrVK

Boden, M. A.(1998). Creativity and artificial intelligence. *Artificial Intelligence.* 103, pp.347-356

Goodfellow, I., et al.(2016). *Deep learning.* MIT press.

Isola, P., et al.(2017). Image-to-image translation with conditional adversarial networks. *In Proceedings of the IEEE conference on computer vision and pattern recognition.* pp.1125-1134.

LeCun, Y., et al.(2015). Deep learning. *Nature*, 521(7553), pp. 436-444.

Radford, A., et al.(2015). Unsupervised representation learning with deep convolutional generative adversarial networks. arXiv preprint arXiv:1511.06434.

Russell, S. J., & Norvig, P.(2003). *Artificial intelligence: A modern approach(2nd ed.).* Prentice hall.

Zhu, J. Y., et al.(2017). Unpaired image-to-image translation using cycle-consistent adversarial networks. *In Proceedings of the IEEE international conference on computer vision.* pp.2223-2232.

02
생성형 AI와 컬러 팔레트

뷰티 트렌드가 급변하는 현대 사회의 뷰티 컬러는 맞춤형 시장에 발맞춰 더욱 정교하게 개인화되고 있다. 뷰티 산업에서 AI의 활용은 뷰티 컬러의 분석과 생산에 많은 변화를 불러왔으며, 앞으로의 혁신적인 기술 발전을 기대한다.

AI와 MBTI?

생성형 AI의 뷰티 트렌드 분석

현대 시대의 트렌드는 불꽃이 피고 지는 순간처럼 빠르게 변화하고 있다. 트렌드 전문가 이재흔은 트렌드를 "어떤 특정한 집단에서 야기된 이슈가 어느 기점에 도달해 사회를 관통하는 하나의 큰 흐름으로 자리 잡은 것"이라 정의했다. 그러면서 트렌드는 "일시적인 유행을 빠르게 읽고 적용하는 것에서 끝나지 않고, 시대 변화의 흐름과 맥락을 읽어 미래를 대비하는 것까지 포함하며, 소소한 유행부터 거대한 사회의 변화까지 포함함을 이해해야 한다"고 말했다. 이렇듯 트렌드는 개인의 일상에 영향을 미치고, 시대의 흐름을 바꾼다. 트렌드를 읽는다는 것은 일상 속의 변화를 발견해 그 변화가 미치는 영향을 분석하고, 어떻게 변해 가는지 흐름을 파악하는 것이다(이재흔, 2024).

과거에는 사회적 이슈와 시장 경제를 기반으로 트렌드 전문가들이 분석한 보고서를 따랐다면, 현재는 SNS에서 영향력 있는 개인이 트렌드를 주도하는 시대가 되었다. 즉, 트렌드 발현의 방향이 변화한 것이다. 이러한 변화에 따라 트렌드의 주기가 짧아지고 그 범위가 더욱 세분화되고 있다. 즉 어제의 트렌드가 오늘은 사라지고 내일은 또 다른 트렌드가 등장할 수 있다는 것이다. 따라서 현시대에 발맞춰 빠르게 트렌드를 분석하고 예측하는 능력은 모든 분야에서 필수적인 역량이다.

뷰티 산업에서 트렌드 분석은 필수적이다. 뷰티 트렌드(Beauty Trend)는 뷰티 산업의 제품, 제조, 판매 및 면대면 서비스를 통해 소비자에게 미적인 디자인과 감각적인 체험을 제공하는 과정을 의미한다(이유리 · 김진숙, 2023). 뷰티 산업은 다른 분야에 비해 빠르게 변화하며 개방적인 특성을 지니고 있어 트렌드 변화의 속도가 매우 빨라진다. 이러한 배경 아래 뷰티 전문가는 색채 트렌드의 분석과 예측에 신속하게 대응하는 것이 중요하다.

SNS가 없던 과거에 뷰티 전문가들은 패션쇼의 각 브랜드 메인 컬러나 잡지의 화보 메이크업과 헤어를 보며 컬러의 활용 의미를 유추하고, 정보를 직접 수집해 트렌드를 분석했다. 대중의 검색량을 확인 할 수 없기에 선호도를 파악하기 어려웠고, 이후 연예인이나 유명 아티스트에 의해 대중에게 노출되어 이슈가 되면 유행이 되고, 트렌드가 되는 방식이었다. 하지만 SNS의 발달로 자료가 쏟아지는 현재는 자료 수집과 정보 분석 및 예측이 수월해지고 더 나아가 대중들에게 영향력을 미칠 수 있도록 변화했다. 이 과정에서 AI 기술의 활용은 뷰티 산업의 전반을 바꾸었다고 해도 과언이 아니다. 빅데이터 분석을 통해 브랜드별 자료 수집과 대중의 선호도 파악이 가능해지고, 생성형 AI의 활용으로 원하는 컬러나 이미지를 생성해 차별화된 트렌드를 예측하거나 주도할 수 있도록 변화했다. 심지어 개인의 경험과 선호도가 중요시되고, 맞춤형 시장이 성장하는 현재에 맞춰 소비자의 개인적 니즈(Needs)를 파악해 해소할 수 있는 정도로 발전한 것이다.

현재 개인이나 브랜드는 자신만의 독창적인 트렌드를 만들어 나가는 방향으로 변화하고 있다. 생성형 AI의 분석 능력과 콘텐츠 생성 능력은 차별화된 뷰티 트렌드를 예측하고 제안하는 데 활용되고 있다. 생성형 AI는 제공된 정보를 바탕으로 학습하며 이를 기반으로 다양한 형태의 콘텐츠를 생성한다. 사용자가 명령어를 입력하면 알고리즘에 따라 새로운 콘텐츠가 제작되는 방식이다(전주언, 2024). 이렇게 소셜 미디어, 온라인 리뷰, 검색 데이터 등을 분석한 알고리즘을 통해 생성된 콘텐츠는 뷰티 트렌드를 예측하고 제안하며, 새로운 제품과 서비스 개발에 중요한 정보를 제공한다(이호수, 2024). 따라서 뷰티 전문가들은 빠르게 변화하는 뷰티 분야에서 차별화된 트렌드를 분석하기 위해 최신 트렌드 동향을 따르는 것뿐만 아니라, 혁신적인 솔루션을 예측하고 도입하는 데 초점을 맞추고 생성형 AI를 활용할 수 있는 능력을 갖추어야 할 것이다.

생성형 AI의 뷰티 컬러 트렌드 예측

팬톤 컬러 인스티튜트(Pantone Color Institute), 워스 글로벌 스타일 네트워크(Worth Global Style Network, WGSN), 민텔(Mintel)은 대표적인 컬러 트렌드 분석 리포트를 발행하는 기관이다. 이들이 제공하는 업계 보고서와 시장 분석 리포트는 뷰티 · 패션 트렌드 전망을 예측하고, 컬러 활용 방안을 제안한다. 하지만 여기서 제공하는 정보만으로는 뷰티 전문가가 제안하는 차별화된 트렌드라 보기 어렵다. 차별화된 트렌드는 남들과 다른 새로운 콘텐츠로 제안되어야 한다. 그렇다면 어떻게 새로운 콘텐츠를 생성할 수 있을까? 빅데이터와 생성형 AI를 다음과 같이 활용할 수 있다.

첫 번째, 최근 몇 년간의 뷰티 업계 동향과 검색 키워드, 트렌드 반영 이미지 등을 수집해 소비자가 선호하고, 유행하는 트렌드의 특징과 산업의 흐름을 빅데이터로 활용해 분석한다(안현경, 2022). 빅데이터는 문자나 영상, 이미지 등과 같은 데이터를 포함하는 대규모의 데이터를 수집해 분류하고 분석할 수 있다. 이렇게 분석된 정보를 바탕으로 트렌드를 예측할 수 있는 정보를 분류한다(임희숙 · 신재욱, 2021). 두 번째, 빅데이터 분석을 통한 정보 중 트렌드 예측에 대한 정보를 생성형 AI에 제공할 프롬프트(Prompt) 키워드로 선정한다. 키워드 간 높은 연결성을 보이는 키워드들은 연결성 출현 확률이 높아 업계 동향에 대해 예측할 수 있다고 보고 있다(최에스더 외, 2022). 세 번째, 생성형 AI에 트렌드 분석 리포트에서 제안하는 컬러와 활용법 그리고 빅데이터 분석을 통해 도출한 트렌드 예측 키워드를 명령어로 입력해 새롭고 차별화된 트렌드 콘텐츠를 생성한다.

이러한 접근 방식을 통해 뷰티 전문가는 생성형 AI를 활용해 컬러 트렌드를 분석하고 예측함으로써, 뷰티 서비스 기획에서 차별화된 강점을 발휘할 수 있다.

트렌드를 담은 AI 뷰티 컬러 팔레트

최근 뷰티 트렌드는 개인 맞춤형에 초점을 맞추고 있다. 예를 들어, 색조 화장품 구매에 있어 소비자들은 남들과 동일하게 사용하는 기성품보다 자신에게 어울리고 개인을 위해 제작된 맞춤형 색조 화장품에서 더 큰 특별함을 느끼고 있다. 이러한 소비자의 요구에 따라 색조 화장품 기업들은 생성형 AI를 활용해 뷰티 트렌드를 접목하고 개인 맞춤 화장품을 제작하고 있다.

국내 화장품 기업인 '코스맥스(COSMAX)'는 맞춤형 팔레트 디바이스(Palette Device)인 '컬러잼(Color Jam ™)'을 출시했다. 컬러잼은 사용자가 원하는 컬러만 선택해 컬러 팔레트를 인쇄할 수 있는 뷰티 컬러 팔레트 제작 기기다. 코스맥스는 애플리케이션도 함께 개발해 사용자가 원하는 컬러를 얼굴에 적용해 본 후, 마음에 드는 컬러 파우더만 출력해 사용할 수 있도록 했다. 이는 화장품 소비 형태를 분석해 개발된 결과다.

기존의 컬러 팔레트 제품은 다양한 컬러가 포함되어 있어 여러 용도로 활용할 수 있지만 자주 사용하는 컬러와 전혀 사용하지 않는 컬러가 발생하는 경우가 많았다. 컬러잼은 이러한 소비 형태를 해결하기 위해 사용자가 원하는 컬러로만 팔레트를 제작할 수 있도록 개발된 것이다. AI 기술을 융합한 뷰티 컬러 팔레트는 무분별한 제품 제작을 지양하고 소비자가 원하는 제품을 제작함으로써 높은 만족도와 함께 환경 보호 효과도 기대할 수 있을 것이다.

참고문헌

안현경(2022). 빅데이터로 알아보는 헤어, 뷰티 트렌드에 대한 연구: 2021 F/W, 2022 S/S를 중심으로. ≪한국뷰티경영학회≫, 11(1), 79-94쪽.
연현주(2020). 색채심리학적 접근을 통한 감정반응과 배색 이미지 연구. 드라마 캐릭터의 헤어, 의상, 메이크업 중심으로. 건신대학원대학교 석사 학위 논문.
이유리·김진숙(2021). 뷰티 트렌드에 관한 연구동향 분석. ≪뷰티산업연구≫, 17(2), 25-43쪽.
이재흔(2024). 『트렌드 읽는 법』. 리드앤두.
이호수(2024). 『생성형 AI 산업별 활용 트렌드』. 좋은습관연구소.
임희숙·신재욱(2021). 빅데이터 분석을 통한 화장품 트렌드 변화 추이에 관한 연구: 텍스트마이닝과 의미연결망 분석을 중심으로. ≪일러스트레이션 포럼≫, 22(66), 85-95쪽.
전주언(2024). 생성형AI의 사용자 경험과 상호 작용에 대한 연구. ChatGPT를 중심으로. ≪한국브랜드디자인학회≫, 22(4), 131-140쪽.
최에스더 외(2022). 빅데이터를 활용한 K-뷰티 산업 트렌드 예측. ≪한국미용학회지≫, 28(6), 1373-1382쪽.
코스맥스. 원하는 색상만 골라 나만의 팔레트로…코스맥스, CES 2023 혁신상 수상 https://www.cosmax.com/new/news/contents_press.asp?nIdx=234

03
스마트 뷰티 미러

인공지능 기술과 거울의 결합은 새로운 가상 체험을 제시하고 즉각적인 결과 확인을 가능하게 한다. 뷰티 전문가는 이러한 기술을 활용하여 최적의 뷰티 컬러 솔루션을 설계하고, 최신 트렌드에 대한 깊은 이해를 바탕으로 소비자와의 소통을 강화해야 한다.

AI와 난임 극복?

AI 기술로 진화한 거울의 혁신

우리는 생활 속 다양한 공간에서 거울을 발견할 수 있다. 전통적으로 친숙했던 거울은 디지털 시대에 접어들면서 그 기능이 인공지능 기술과 결합해 '스마트 미러(Smart Mirror)'라는 혁신적인 형태로 발전했다. 스마트 미러는 인공지능 기술을 활용하여 소비자에게 새롭고 풍부한 경험을 제공하는 중요한 도구다. 또한 다양한 산업 분야에서 매장의 인공지능 전환을 촉진하는 중요한 도구로 자리 잡고 있다.

마켓 리서치(Market research)의 보고에 따르면, 세계 스마트 미러 시장의 규모는 2023년 38억 5천만 달러로 평가되었으며, 이 시장은 2024년부터 2031년까지 연평균 성장률 23.6% 기록해 2031년에는 190억 3천만 달러에 이를 것으로 전망된다. 이러한 성장은 특히 뷰티 산업 분야에서 디지털 전환과 소비자 경험의 혁신을 반영한 결과로 해석된다.

국내에서도 이러한 변화에 발맞춰 중소벤처기업부와 소상공인시장진흥공단이 함께 '소상공인 우수 스마트모델 보급사업'을 추진하고 있다. 이 사업은 업종별 맞춤형 스마트모델을 보급해 소상공인의 소비 및 유통 환경을 개선하고, 비대면 및 디지털 환경에서의 경쟁력을 강화하는 데 중점을 두고 있다(소상공인시장진흥공단, 2024).

스마트 미러는 스마트 거울(Smart Mirror), 디지털 거울(Digitally Connected Mirror) 또는 토탈 스마트 미러(Total Smart Mirror, TSM) 등으로 불린다. 스마트 미러는 평소에는 일반적인 거울로 사용되지만, 터치 등의 사용자의 동작을 통해 PC 모니터나 스마트폰 액정처럼 새로운 기능을 수행하는 차세대 미러 디스플레이(Mirror Display)로, 사물인터넷과 인공지능 기술을 통해 인간과 다양한 대상물 간의 커뮤니케이션의 역할을 수행하는 매체로서 기능한다(오은석 · 조종학, 2015).

IT 산업에서 스마트 미러는 공공장소에서 광고나 단순한 정보를 제공하는 데 그쳤다면, 뷰티 산업에서는 거울의 본질을 극대화할 수 있는 도구로서(황은희 · 윤천성, 2018) 소비자에게 맞춤형 정보와 뷰티 솔류션을 제안하는 역할을 한다. 특히, 증강 현실 기술을 활용한 스마트 미러는 몰입도 높은 대화형 쇼핑 경험을 제공해 실제 세계와 디지털 세계를 혼합하는 새로운 경험을 제공한다. 이러한 기술적 발전은 소비자 경험을 혁신하고, 뷰티 산업 환경을 변화시키는 중요한 요소로 작용할 것이다.

스마트 미러와 뷰티 산업의 융합

스마트 미러는 뷰티 서비스 분야에서 매장의 인공지능 전환을 촉진하는 중요한 도구로 자리 잡고 있다. 이 혁신적인 기술은 소비자들이 자기표현을 시각적으로 잘 보여 줄 수 있는 수단으로, 뷰티 산업에서 매우 중요한 역할을 하고 있다. 특히, 스마트 미러와 뷰티의 융합을 통해 탄생한 '스마트 뷰티 미러(Smart Beauty Mirror)'는 뷰티 전문가에게 초개인화 시대의 요구에 맞는 고객 맞춤형 서비스를 제공할 수 있게 도와주는 유용한 도구다.

스마트 뷰티 미러는 인공지능과 가상 현실 기술을 활용하여 사용자의 얼굴을 분석하고, 사용자가 선호하는 스타일과 컬러를 선택하면 맞춤형 뷰티 스타일을 추천한다. 이러한 기능은 뷰티 전문가가 고객에게 가상의 서비스를 제공하는 데 큰 장점을 제공한다. 뷰티 전문가는 스마트 뷰티 미러를 통해 고객에게 헤어, 메이크업, 네일아트 등의 색채와 디자인이 고객의 얼굴과 손에서 실시간으로 어떻게 보이는지를 시각화해 보여 줄 수 있다. 이는 거울의 본질적인 역할인 현재의 모습을 비춰 주는 것에 더해, 인공지능과 증강 현실 기술이 결합되어 실제 모습 이상의 경험을 가능하게 한다.

스마트 뷰티 미러가 주목받는 이유는 쉽게 원상 복귀

(Undo)를 할 수 있다는 점이다. 뷰티 전문가는 고객에게 서비스 제공 전 스마트 뷰티 미러를 통해 다양한 컬러와 디자인을 가상으로 체험하게 하며, 이 과정에서 고객이 마음에 들지 않아 다른 선택을 원할 경우, 즉시 원래 상태로 돌아갈 수 있는 편리함을 제공한다(김영하, 2019). 이러한 체험 과정을 통해 뷰티 전문가는 뷰티 서비스 설계에 있어 고객의 선호 스타일을 파악하고, 이를 바탕으로 뷰티 서비스 설계를 더욱 효과적으로 진행할 수 있다.

예를 들어 색조 메이크업 서비스를 받는 경우 고객은 피부, 립, 아이 메이크업 등 모든 메이크업이 완성된 후에야 자신에게 어울리는지 또는 원하는 메이크업이 되었는지를 확인할 수 있다. 그러나 이러한 기존 서비스는 메이크업 후 고객이 원하던 느낌이 아니거나 컬러 조합이 마음에 들지 않을 수 있는 단점이 있다. 이러한 경우 메이크업을 완료한 후에는 다시 지우고 수정하는 데 많은 시간이 소요되거나 피부에 무리를 줄 수 있어 고객과 전문가 모두에게 불편하고 어려운 상황을 초래할 수 있다.

반면 스마트 뷰티 미러를 통해 고객은 메이크업 서비스를 받기 전 뷰티 전문가의 제안에 따라 거울에 비치는 자신의 얼굴에 원하는 디자인을 입힐 수 있다. 이 과정에서 고객은 즉시 원래 상태로 돌아가 다른 컬러의 메이크업을 시도해 자신이 원하는 결과인지 확인할 수 있는 편리함을 경험한다. 이러한 방식은 고객의 만족도를 높이고, 뷰티 전문가에게도 더욱 효율적인 서비스를 제공할 기회를 마련한다.

결론적으로, 인공지능을 적용한 스마트 미러와 뷰티 산업의 융합은 뷰티 전문가와 소비자에게 혁신적인 경험을 제공하며 뷰티 서비스의 효율성을 높이는 데 기여한다.

스마트 뷰티 미러를 통한 색채 경험

스마트 뷰티 미러는 뷰티 전문가와 고객에게 새로운 색채 경험을 선사한다. 이 기술은 증강 현실과 인공지능을 활용해 거울을 통해 미리 색채를 구현해 볼 수 있는 기능을 갖추고 있다.

최근 뷰티 산업에서 새로운 컬러가 지속적으로 출시되면서 뷰티 전문가와 고객 모두 색채 선택에 피로도가 높아지고 있다. 다양한 컬러에 관심을 가지고 즐기는 고객도 있지만 반대로 컬러 선택에 부담을 느끼고 쉽게 시도하지 못하는 고객들도 있다. 이와 같은 상황에서 뷰티 전문가는 새로운 컬러를 계속해서 테스트해야 하며 고객에게 적합한 컬러를 제안하는 데 어려움을 겪을 수 있다. 또한 새로운 컬러 체험의 기회가 없었던 고객들에게는 컬러 제안의 만족도를 예측해야 하는 부담이 따르기도 한다.

스마트 뷰티 미러는 이러한 문제를 해결하는 데 유용한 기술이다. 이 기술은 고객이 거부감 없이 뷰티 서비스를 접할 수 있도록 해 뷰티 전문가와 고객 간의 매개체 역할을 수행한다. 또한 고객과의 원활한 커뮤니케이션을 통해 작업의 효율성을 높이는 데 도움을 준다.

국내 기업 미러로이드의 '미라트(Mirart)'는 인공지능 기반의 뷰티 솔루션을 제공하는 혁신적인 스마트 뷰티 미러다. 미라트는 미용실 및 뷰티샵을 대상으로 증강 현실 기술을 활용해 보다 정교한 시뮬레이션을 가능하게 한다. 고객은 미라트에 비친 자신의 얼굴을 통해 뷰티 전문가의 제안에 따라 다양한 헤어 컬러와 색조 메이크업, 네일아트 등을 시뮬레이션 할 수 있으며, 이 과정에서 자신에게 가장 어울린다고 생각하는 컬러와 디자인을 선택할 수 있다. 이러한 과정을 통해 뷰티 전문가는 고객에 의해 선택된 컬러와 디자인을 바탕으로 맞춤형 염색, 색조 메이크업, 네일아트 서비스를 제공할 수 있게 된다.

디지털 시대의 기술 발전과 함께 스마트 뷰티 미러는

현대 뷰티 산업에서 전문가의 작업 효율성과 고객의 만족도를 높이는 중요한 도구로 자리 잡고 있다.

참고문헌

강수빈 외(2021). 스타일링을 위한 스마트 미러. ≪한국전자통신학회논문지≫, 16(6), 1271-1278쪽.

김성덕 외(2020). 헤어 스타일링을 위한 스마트 미러 시스템 개발. ≪디지털산업정보학회논문지≫, 15(1), 93-99쪽.

김영하(2019.10.4). 스마트 거울(Smart Mirrors) 기술 진보. ≪AI 타임스≫, https://www.aitimes.com/news/articleView.html?idxno=119872

소상공인시장진흥공단(2024). 소상공인 우수 스마트모델 보급사업. https://www.semas.or.kr/web/main/index.kmdc

오은석·조종학(2015). 패션매장의 스마트 미러 UX 디자인을 위한 사용자의 거울 사용행태 및 니즈 분석. ≪디지털디자인학연구≫, 15(3), 861-870쪽.

원종욱 외(2018). 스마트 미러를 활용한 뷰티케어 서비스 전략방향 연구. ≪커뮤니케이션 디자인학연구≫, 63, 60-74쪽.

퍼펙트 코퍼레이션(2023). 스마트 뷰티 미러: 가상 메이크업 AR 마케팅 적용 가이드. https://www.perfectcorp.com/ko/business/blog/commerce/smart-beauty-mirror-ar-makeup

황은희·윤천성(2018). IoT기반의 증강 현실을 활용한 Total 스마트 미러 기초 실태조사 연구: 뷰티 산업을 중심으로. ≪디지털산업정보학회논문지≫, 14(1), 1-14쪽.

04
AI 퍼스널 컬러 분석

AI 기반의 퍼스널 컬러 분석은 초개인화를 바탕으로 한 맞춤형 컬러 솔루션을 제공한다. 빅데이터와 인공지능의 융합을 통해 개인의 신체 특성을 객관적으로 분석하고, 최적화된 뷰티 및 패션 컬러를 제시하는 혁신적인 접근 방식이다.

AI와 사주?

AI 퍼스널 컬러 진단

세계적인 브랜드 샤넬을 창립한 가브리엘 샤넬(Gabrielle Bonheur Chanel, Coco Chanel)은 "세상에서 가장 아름다운 색은 당신에게 잘 어울리는 색이다(The best color in the whole world is the one that looks good on you)"라고 말했다. 개인에게 어울리는 색채는 외적인 호감 이미지를 형성할 뿐만 아니라 내적 자신감을 높이는 등 심리적인 측면에서도 중요한 영향을 미친다.

뷰티 산업에서는 개인의 이미지를 돋보이게 하기 위해 다양한 컬러를 제안하는데, 최근 뷰티 및 패션 산업의 트렌드로 자리 잡은 컬러가 바로 '퍼스널 컬러(Personal Color)'다. 퍼스널 컬러는 개인의 고유한 색(Natural Color)을 바탕으로 조화를 이루는 컬러 코디네이션(Color Coordination)의 원리를 적용한 것으로, 뷰티 및 패션 산업에서 메이크업, 헤어스타일, 의상 색을 결정하는 데 활용된다(신향선, 2015).

최근에는 AI 퍼스널 컬러가 주목받고 있으며, 이는 빅데이터, 인공지능, 증강 현실 기술을 활용하여 뷰티 및 패션 분야에서 효과적인 컬러 솔루션을 제공하고 있다(김자영 · 신세영, 2023). 이러한 기술적 접근은 개인 맞춤형 뷰티 색채 경험을 가능하게 해 뷰티 전문가와 소비자에게 더욱 풍부하고 만족스러운 색채 선택을 제공하는 데 기여하고 있다.

AI 퍼스널 컬러 애플리케이션

퍼스널 컬러는 MZ세대 사이에서 '뷰티 MBTI(Myers Briggs Type Indicator, 성격 유형 검사)'로 불리며 뷰티 및 패션 영역에서 트렌드로 자리 잡고 있다(김효혜 · 정슬기, 2023). 퍼스널 컬러는 캐롤 잭슨(Carole Jackson, 1980)의 퍼스널 컬러 시스템(Personal Color System)을 기반으로 하며, 퍼스널 컬러 분석(Personal Color Analysis, PCA) 또는 퍼스널 컬러 진단이라고도 한다(Brown · Rojas, 2014). 퍼스널 분석은 인간의 타고난 피부색, 머리카락 색, 눈동자 색 등의 신체 색상을 따뜻한 톤(Warm Tone)과 차가운 톤(Cool Tone)으로 구분한 후, 봄 · 여름 · 가을 · 겨울의 사계절 유형과 유형별 세부 톤으로 나눠 이에 조화로운 뷰티 및 패션 솔루션을 제안하는 것을 말한다.

과거 퍼스널 컬러 분석은 인간만이 할 수 있는 영역이라 여겨져 전문가의 시각에 의존해 신체 색상을 체크한 후, 진단 천을 이용해 드레이핑(Draping) 하면서 얼굴색과 형태의 조화를 관찰하는 방식이었다. 그러나 최근에는 빅데이터와 머신러닝, 증강 현실 기술이 결합된 사용자 친화적인 스마트폰 앱을 이용한 분석이 인기를 얻고 있다. 사용자 수가 많은 국내 퍼스널 컬러 진단 앱으로는 잼페이스(Zamface), 아이컬러(iColor), 발라랩(Valla lab), 코쿤(Cocon), 컬러버(Color Lover) 등이 있다.

현재 출시되어 있는 많은 애플리케이션의 퍼스널 컬러 분석 방법은 먼저 진단받을 사진을 등록하고, 애플리케이션에서 제공하는 진단 질문에 사용자가 직접 답변한 내용을 토대로 퍼스널 컬러를 판별해 주는 방식을 통해 진단을 수행한다. 또는 증강 현실 기술을 기반으로 이용자가 셀프 카메라로 자신의 얼굴에 다양한 립 컬러를 가상으로 적용해 보면서 어울리는 색상을 선택할 수 있도록 한다. 이 과정에서 AI는 퍼스널 컬러의 세부 피부톤 중 이용자와 가장 유사한 톤을 분석하고 맞춤형 솔루션을 제공하는데 퍼스널 컬러 유형이 일러스트레이션 스타일로 제공되기도 한다.

AI와 AR 기술을 적용한 퍼스널 컬러 앱은 사용자가 사진을 업로드하는 것만으로도 빠르게 진단 결과를 제공하는 방식으로 신속한 진단이 가능하고, 일반적으로 무료이거나 저렴한 가격으로 이용할 수 있어 전문가에게 진단을 받는 것보다 저렴한 비용으로 받을 수 있다. 또한 가상 메이크업과 스타일링을 체험함으로써 개인화된 경험을 제공한다.

그러나 AI 퍼스널 컬러 분석 앱을 통한 진단은 알고리즘에 기반해 진단을 수행하기 때문에 전문가의 직관과 경험에 비해 정확성이 떨어질 수 있으며 자신이 선호하는 색상을 직접 판단해야 하기 때문에 자신에게 어떤 컬러가 어울리는지 정확히 판단하지 못한다면 신뢰성과 객관성이 부족한 결과가 나올 수 있다. 또한 진단을 여러 번 실행했을 때 조명 및 진단 환경과 질문의 대답에 따라 매번 결과가 다르게 나오는 경우가 많아 신뢰성이 떨어지는 경우가 있다. AR 기술을 통한 진단 과정이 세세하게 표현되어 투명성은 높지만, 그 소요 시간이 지나치게 길거나 사용자의 얼굴에 립스틱이나 블러셔 등 AR 기술의 화장 적용 결과가 자연스럽지 않아 AR 시각화에 있어 화장 적용 기술의 개선이 필요하다(안지선, 2024).

대학교에서 퍼스널 컬러 수업을 진행하면서 학생들에게 퍼스널 컬러와 자신의 퍼스널 컬러 유형에 대한 인지 여부, 진단 경험, 그리고 진단 결과에 따른 활용 여부를 질문해 보았다. 그 결과 많은 학생들이 퍼스널 컬러에 대해 인지하고 있었으며, 전문가 진단이나 퍼스널 컬러 앱을 통해 자신의 퍼스널 컬러 진단을 경험한 학생들이 많았다. 특히 전문가를 통해 진단을 받은 학생들은 자신의 퍼스널 컬러 진단에 대한 신뢰도가 높고, 이를 바탕으로 자신의 유형에 맞춘 뷰티와 패션 스타일링을 효과적으로 활용하고 있는 모습을 볼 수 있었다(최영미 · 배승희, 2024). 반면, 앱을 통해 진단을 받은 학생들은 진단 결과에 대한 확신이 부족하거나 퍼스널 컬러에 대한 스타일링 이해도가 낮아 이를 제대로 활용하지 못하는 경우가 많았다. 예로 아이컬러 사용자 리뷰를 보면, 애플리케이션에서 해당 톤에 대하여 어울리는 색의 후보군을 제공하는데, 이 외의 색들에 대해서는 사용자가 자신에게 쉽게 응용하기가 어렵다는 단점이 존재한다(이소연 · 이민구, 2020). 이러한 사실은 퍼스널 컬러 분석에서 인간 전문가의 역할이 여전히 중요하다는 것을 시사한다.

퍼스널 컬러 분석에서 제품 구매로

과거에는 정확한 분석과 진단이 어려워 초기 퍼스널 컬러 앱이 단순한 재미로 경험하는 수준에 그쳤던 반면, 현재는 빅데이터, 인공지능, 그리고 증강 현실기술을 적용하여 보다 혁신적인 체험이 가능해졌다. 또한, 실시간 체험을 통해 선택한 컬러가 마음에 들 경우, 해당 컬러의 제품을 구매할 수 있는 링크가 연결되는 구조로 발전하여 가상 체험에서 실제 구매로의 전환이 원활하게 이루어질 수 있게 되었다. 더불어 소비자들은 퍼스널 컬러에 대한 인지도와 진단 경험에 따라 색조 화장품 구매 의도가 증가하는 경향을 보였다(최영미 · 배승희, 2024).

AI 퍼스널 컬러 분석 기술은 제품 검색부터 구매에 이르기까지의 일련의 쇼핑 경험을 제공하며, 메이크업, 패션, 헤어 팁을 다룬 유튜브 영상 등 다양한 뷰티 및 패션 스타일 관련 자료를 함께 제공해 화장품, 패션 등 연관 상품의 판매로 이어지는 구조를 갖추게 되었다. AI 기반의 퍼스널 컬러 분석은 뷰티와 패션 산업에 그치지 않고, 더욱 다양한 산업 분야로 확장될 것으로 기대된다.

AI 기술과 인간 전문가의 협업

AI 기술의 도입은 퍼스널 컬러 분석에 혁신적인 변화를 불러오고 있다. 퍼스널 컬러 전문가와 뷰티 전문가는 AI를 활용해 퍼스널 컬러 유형을 보다 효율적으로 확인하고 진단 시간을 단축할 수 있다. 또한 빠르게 출시되고 변화하는 색조 화장품을 퍼스널 컬러 유형별로 분류하고 사용자의 만족도를 평가하는 데에도 AI 기술이 중요한 역할을 하고 있다.

그러나 AI의 활용이 모든 것을 대체할 수는 없다. AI

는 데이터 분석을 통해 결과를 도출하지만 개인의 감정이나 스타일을 완벽하게 이해하지 못할 수 있으며, 전문가의 직관과 전문성 그리고 경험에 비해 정확성이 떨어질 수 있다. 또한 퍼스널 컬러 진단은 인간 대 인간의 감성적 교류가 중요한 요소로 남아 있다. 뷰티 전문가들은 AI와의 협업을 통해 데이터 기반의 인사이트를 얻고, 이를 바탕으로 고객에게 보다 개인화된 서비스를 제공해야 한다. 고객과의 직접적인 소통을 통해 그들의 니즈를 이해하고 감정적 연결을 형성하는 것이 중요하다.

따라서 AI 기술을 적극적으로 수용하고 활용하는 동시에 인간의 창의성과 대면 서비스의 가치를 잊지 않는 자세는 현대 뷰티 전문가에게 중요한 경쟁력이 될 것이다.

참고문헌

김자영·신세영(2023). 퍼스널컬러진단 애플리케이션의 GUI 디자인 사례 분석. ≪비즈니스융복합연구≫, 8(1), 153-160쪽.

김효혜·정슬기(2023.6.26). 퍼스널컬러 찾는 MZ… 화장품 초개인화 시대. ≪매일경제≫, https://www.mk.co.kr/news/business/10769569

신향선(2015). 시감비색 측정피부색과 자가인지 피부색, 선호피부색 비교분석. ≪한국색채학회 논문집≫, 29(1), 185-194쪽.

안지선(2024). 퍼스널 컬러 진단 앱의 사용자 경험 평가: 아이컬러와 잼페이스를 중심으로. ≪일러스트레이션포럼≫, 25(79),

91-101쪽.
이소연·이민구(2020). 퍼스널 컬러 측정 및 측색 인터랙션 디자인 제안: 스포이톤. ≪한국디자인학회 학술발표대회 논문집≫, 2020(6), 262-263쪽.
최영미·배승희(2024). 퍼스널 컬러의 인식과 파운데이션 적용이 선택속성과 구매의도에 미치는 영향. ≪미용예술경영연구≫, 18(5), 65-81쪽.
Brown, J. W., Rojas, A.(2014.5). Determining Personal Colors. Retrieved, https://pubs.nmsu.edu/_c/C315
Jackson, C.(1980). *Color me beautiful.* Canada: Acro polis Book.

05
인공지능 기반 색조 화장품 디바이스

AI 기술 기반의 맞춤형 색조 화장품 디바이스의 등장은 개인의 피부 타입, 특정 피부 고민, 그리고 색조 선호를 정밀하게 반영하며 새로운 뷰티 트렌드를 형성하고 있다.

AI와 아이돌?

AI와 맞춤형 화장품

현대 사회는 개인의 퍼스널리티(Personality)를 강조하며 개인화를 넘어 초개인화의 시대에 접어들고 있다. 퍼스널리티는 성격, 인격, 개성, 특성은 물론 장소나 사물의 독특한 분위기를 포함하는 개념이다. 이러한 흐름에 따라 화장품 업계에서도 혁신적인 변화가 일어나고 있다. 소비자들은 과거의 대중적인 화장품에서 벗어나 자신이 선호하는 향, 제형, 컬러를 전문가의 도움을 받아 맞춤형으로 제조할 수 있는 화장품에 대한 관심을 높이고 있다. 식품의약품안전처에 따르면 글로벌 맞춤형 화장품 시장은 2021년 1조 5천억 원으로 전년 대비 52% 성장했으며 2025년에는 약 5조 3천억 원으로 확대될 것으로 예상된다.

이전의 화장품 제조 방식에서는 대중적인 브랜드가 표준화된 제품을 대량으로 생산해 소비자에게 공급하는 방식이 주로 사용되었다. 이러한 접근은 소비자에게 제공되는 제품 선택의 폭을 제한했으며 각 개인의 피부 특성과 환경적 요인을 충분히 반영하기에는 한계가 있었다. 그러나 AI 기반 맞춤형 화장품 조제 기술은 이러한 한계를 극복하며 화장품 산업의 질적 및 양적 성장을 이끌고 있다.

소비자의 개별적인 요구를 반영해 제작되는 맞춤형 화장품은 높은 만족도를 제공하며 현재 다양한 형태의 연구 개발이 활발히 이루어지고 있다(김민정 · 윤천성, 2022).

AI 기반 맞춤형 화장품 자동 조제 프로세스

AI 기반 맞춤형 화장품 자동 조제 프로세스는 네 가지 핵심 요소로 구성된다. 첫 번째로, 사용자의 피부 상태, 선호도, 환경적 요인 등의 데이터를 AI 모델로 수집하고 분석한다. 컴퓨터 비전(Computer Vision)과 딥러닝 합성곱 신경망(Convolutional Neural Network, CNN)을 활용하여 모공, 주름, 피부 톤 등의 특징을 실시간으로 스캐닝하고 분석한다.

두 번째로, 수집 및 분석된 데이터를 바탕으로 GPT(Generative Pre-trained Transformer) 기반의 생성형 AI를 활용하여 최적의 화장품 성분 조합을 생성한다. 이후 딥러닝을 통해 기존 레시피(Recipe)를 보완하고 개선하여 새로운 화장품 레시피를 만든다.

세 번째 단계는 생성된 레시피에 따라 실제 제품을 제조하는 자동 조제 과정이다. 로봇 프로세스 자동화(Robotic Process Automation, RPA)와 강화 학습

(Reinforcement Learning, RL)을 통해 조제 과정을 최적화한다. 이 과정에서는 IoT 센서와 이상 감지 AI를 활용하여 조제 환경을 실시간으로 모니터링하고, 품질 이상이 발생하지 않도록 감지한다.

마지막으로, AI 기술들이 유기적으로 결합된 전체 시스템을 통합 관리하기 위해 아파치 스파크(Apache Spark)를 활용하여 빅데이터를 처리하고, 텐서플로우(TensorFlow) 기반의 AI 모델을 지속적으로 학습시켜 개선하는 과정이 필요하다. 또한, 블록체인(Blockchain) 기술과 연합학습(Federated Learning, FL)을 통해 데이터 보안 및 개인정보 보호를 강화해야 한다(강용웅 · 이운식, 2024).

AI 기반 초개인화 맞춤형 색조 디바이스

현대 사회에서 외모는 자신을 표현하는 중요한 경쟁력으로 자리 잡고 있다. 끊임없이 변화하는 미의 기준 속에서 사람들은 자신의 외모를 인식하고 관리한다(석미영, 2012). 이는 자신이 기대하는 외모를 가꾸거나 타인에게 긍정적으로 보이도록 노력하는 과정을 포함한다(설현진, 2010).

과거에는 유행이 시작되면 본인에게 어울리는지 여부

보다 트렌드 아이콘이 되기 위해 하늘색 아이섀도와 새빨간 립스틱을 사용하는 경우가 많았다. 그러나 현대 사회에서는 각자에게 어울리는 색과 이미지의 중요성을 인식하게 되면서, 유행하는 색조 화장품보다 자신에게 적합한 컬러를 찾는 방향으로 변화하고 있다.

식품의약품안전처에 따르면, 최근 색조 화장품 시장 규모는 2023년 약 2조 천억 원으로, 전체 화장품 시장의 약 14.7%를 차지한다고 발표했다. 그중 립 제품은 2022년 대비 2023년 약 4천억 원에서 6천억 원으로 높은 성장률을 보였다. 이러한 색조 화장품 시장의 성장에 따라 기업들은 초개인화 맞춤형 화장품을 개발하기 위해 AI 기술을 접목한 다양한 색조 디바이스를 개발하고 있다.

기존의 수제 립스틱 제작 방법은 화장품 원료와 색소를 직접 계량하고 배합해야 했는데 이 과정에서 매번 컬러가 달라지거나 원하는 컬러를 즉시 만들기 어려운 한계가 있었다. 그러나 인공지능 기술이 접목되면서 이러한 문제들이 해결되었다. AI 색조 디바이스에 원하는 컬러를 입력하면 해당 컬러를 만들기 위해 필요한 색소의 배합 비율을 그램 단위로 알려 주고 직접 제작해 준다.

로레알은 '입생로랑 뷰티(Yves Saint Laurent Beaute)'를 통해 스마트 틴트 디바이스(Smart Tint Device)인 '루

즈 쉬르 메쥬르(Rouge Sur Mesure)'를 출시했다. 루즈 쉬르 메쥬르는 개인 맞춤형 뷰티 시스템인 '페르소(Perso)'를 적용한 퍼스널 립 컬러 메이커로 AI 컬러 인식 기술과 알고리즘을 활용하여 초개인화된 맞춤형 립 컬러를 제안한다. 이 디바이스는 레드, 누드, 오렌지, 핑크 네 가지 컬러 카트리지(Color cartridges)를 기반으로 수천 가지의 컬러를 만들어 낼 수 있다. 모바일 애플리케이션과 연동해 컬러를 제조하거나 원하는 컬러를 촬영해 동일하게 만들 수 있으며, 가상 화면을 통해 피부색과 의상 색에 맞춰 추천받거나 입술 발색을 미리 확인할 수도 있다.

AI 기반 색조 디바이스의 등장은 소비자들이 자신만의 컬러를 표현할 수 있는 기회를 제공한다. 이는 단순한 뷰티 기기를 넘어 개인의 정체성을 확립하고 자신감을 표현하는 새로운 수단으로 자리 잡고 있다.

AI 기반 맞춤형 색조 디바이스의 미래 가치

AI 기반 맞춤형 색조 디바이스의 발전은 초개인화 시대에 소비자의 만족도를 높이는 데 기여하고 있다. 개인의 특성을 고려해 맞춤형 제품을 제공함으로써 소비자의 높은 만족도를 이끌어 낼 수 있는 것이다. 그러나 이러한 단편적인 접근보다 향후 화장품 산업에 혁신을 가져올 수 있는 가치를 살펴보는 것이 중요하다.

화장품은 피부를 보호하고 외모를 가꾸기 위해 사용되지만 유통기한이 지나거나 기타 이유로 대량의 화장품이 폐기되는 문제가 발생하고 있다. 환경적 및 경제적 측면에서 지속적으로 논의되고 있지만 해결하기 어려운 현실에 직면해 있다. 이러한 상황에서 AI 기반 맞춤형 화장품 시장과 맞춤형 색조 화장품 디바이스의 발전은 문제를 해결할 수 있는 유망한 방안으로 주목받고 있다.

AI를 활용해 제작된 제품은 피부 상태와 의상 색상 등 다양한 조건에 따라 맞춤형으로 제조되며, 필요한 양만큼 생산할 수 있어 관리가 용이하고 폐기물을 줄일 수 있다. 또한 AI 시스템을 통한 제조 과정은 생산 시간을 단축하고 비용을 절감하는 이점을 제공한다. 더불어 빠르게 변화하는 트렌드에 신속하게 대응할 수 있는 대응력이 향상되며, 다양한 인종과 기후 등 여러 조건에 맞춰 제품을 쉽게 제조할 수 있어 국제적 확장에도 유리하다.

AI 기반의 맞춤형 디바이스는 앞으로도 지속적인 발전이 예상되며, 생성형 AI 기술과 알고리즘의 진화에 따라 더욱 정교한 분석 기술과 효율적인 조제 시스템이 구현될 것으로 보인다. 이러한 혁신은 화장품 산업에서 새로운 비즈니스 모델의 구축에 기여 할 것으로 기대된다

(강용웅 · 이운식, 2024).

참고문헌

강용웅·이운식(2024). AI 기반 맞춤형 화장품 자동조제 프로세스 개발 연구. ≪대한산업공학회≫, 2024(5). 905-911쪽.

김민정·윤천성(2022). 맞춤형 화장품에 관한 탐색적 연구. ≪일러스트레이션 포럼≫, 16(2). 63-78쪽.

로레알. https://www.loreal.com/en

식품의약품안전처. https://www.mfds.go.kr/index.do

석미영(2012). 취업지원자의 외모관리행동에 대한 지불의사 연구. ≪대한미용학회지≫ 13(2). 125-132쪽.

설현진(2010). 청소년의 외모에 대한 사회문화적 요인에 따른 외모만족도와 뷰티행동에 관한 연구. 성신여자대학교 박사 학위 논문.

06
AI 기반 스마트 조색

AI 기술의 접목으로 탄생한 스마트 조색 시스템은 뷰티 산업에서 중요한 성장과 혁신의 계기를 마련하고 있다. 개인 맞춤형 제품을 즉시 생산할 수 있는 AI 조색 기술은 기존의 기성품을 초월해 소비자의 다양한 요구를 세밀하게 반영하고 있으며, 이는 고객에게 특별한 경험을 제공함과 동시에 소비자의 라이프 스타일 변화까지 이끌고 있다.

AI와 야구?

컬러리스트와 AI 조색 기술

컬러리스트(Colourist)는 사물이나 환경의 다양한 용도와 목적에 따라 자료를 수집하고 분석해 색채를 기획하고 적용하거나 재현하는 색채 전문가다(커리어넷). 컬러리스트가 트렌드를 분석하고 소비자의 니즈를 충족시키기 위해 색상 팔레트를 선정하면, 이 선정된 컬러는 다양한 분야에서 콘텐츠 제작이나 시즌 상품 개발에 활용된다. 특히 뷰티 산업에서 컬러리스트의 주된 역할은 색조 화장품의 컬러 선정으로, 매 시즌마다 트렌디한 컬러를 결정하는 것이다. 색채를 면밀히 분석하고 다루는 과정은 색조 화장품 제작에서 매우 중요한 단계이며, 화장품 업계에서 컬러리스트는 뷰티 산업의 핵심 인력으로 자리 잡고 있다.

그러나 최근 초개인화의 흐름에 따라 컬러리스트의 역할에도 변화가 생겼다. 브랜드에서 트렌드에 맞춰 선정한 팔레트보다 소비자 개인에게 맞춘 색상이 더욱 환영받고 있다. 이에 따라 컬러리스트는 고객의 피부 톤에 어울리는 베이스 컬러와 색조 컬러를 만들어 내는 시스템을 구축하고 활용해야 할 필요성이 커졌다. 이전에는 피부를 측색기로 측정하거나 육안으로 분석해 퍼스널컬러를 진단하고, 공방에서 직접 제작하는 맞춤형 화장품이 인기를 끌었으나 이러한 방식은 분석과 제작에 소요되는 시간과 매번 달라지는 색상의 한계가 있었다.

그러나 AI 기반의 조색 알고리즘을 활용한 디바이스가 개발되면서 이러한 문제들이 점차 해결되고 있다. 코스맥스의 '스마트 조색 AI 시스템'은 딥러닝을 활용해 정밀하고 다양하게 색상 매칭과 조색을 가능하게 하는 인공지능 시스템이다. 이 스마트 조색 시스템의 핵심 기술은 딥러닝의 방대한 데이터 처리 능력으로, AI 알고리즘을 통해 수백만 가지의 조색 방법을 데이터베이스화해 어떠한 색상이라도 정확하게 조색할 수 있는 능력을 갖추고 있다.

뷰티 산업의 컬러리스트와 뷰티 전문가는 AI를 경계하기보다는, 알고리즘을 활용해 트렌드를 분석하고 생성형 AI를 통해 색상 팔레트를 구성하는 데 집중해야 한다. 또한 개인 맞춤형 화장품 제작 과정에서 브랜드의 차별화된 성장을 도모할 수 있도록 지속적으로 학습해야 한다. 이러한 접근을 통해 AI와의 상생의 길을 모색할 수 있을 것이다.

AI 조색으로 탄생한 맞춤형 화장품

아모레퍼시픽은 개인의 피부 톤을 측정해 최적화된 컬

러의 파운데이션을 제조하는 '베이스 피커(Base Picker)' 서비스를 운영하고 있다. 이 시스템은 '스킨톤 파인더(Skintone Finder)' 기술을 기반으로 하며, 전문적인 피부 색채 연구와 AI 기술을 결합하기 위해 아모레퍼시픽과 KAIST 석현정 교수 연구팀이 협력해 개발했다. 스킨톤 파인더는 고객의 피부색을 정확하게 측정하기 위해 특수 제작된 측정 도구와 로봇 파운데이션 제조 설비를 결합한 혁신적인 조색 시스템이다.

제조 프로세스는 다음과 같다. 먼저 전문가와 함께 피부 상태를 점검하고 파운데이션의 제형과 용기를 선택한다. 이후 스킨톤 파인더 기술을 활용해 특수 제작된 카드 형태의 측정 도구를 얼굴에 밀착시키고, 카메라가 구멍 사이로 보이는 피부색을 측정해 번호를 부여한다. 동시에 생성형 AI는 해당 피부색에 맞는 레시피를 생성한다. 이후 스킨톤 파인더 태블릿과 연동된 자동화 로봇 설비가 파운데이션을 제조하며, 이 과정에서 기성 제품이 아닌 원료와 색소를 사용해 처음부터 새롭게 제조하는 맞춤형 언브랜디드(Unbranded) 방식으로 진행된다. 로봇이 제조한 파운데이션은 미리 선정한 용기에 담기고, 레시피가 담긴 바코드를 출력해 재생산이 가능하도록 레시피를 저장한다. 이러한 과정을 바탕으로 아모레퍼시픽은 맞춤형 메이크업 전문 브랜드 '톤워크(Tone Work)'를 출시했으며, 톤워크는 AI 기술을 기반으로 소비자의 피부색에 맞춘 제품을 제공한다(아모레퍼시픽, 2020). 스킨톤 파인더 기술은 단순한 제품 생산을 넘어 각 개인의 고유한 피부 특성을 파악하고 이를 과학 기술로 구현하는 뷰티 산업의 미래를 제시하는 혁신적인 솔루션으로 평가된다.

헤라(www.hera.com)는 '립 팩토리 바이 컬러 테일러(Lip Factory by Color Tailor)' 기술을 기반으로 한 맞춤형 립 제조 서비스인 '센슈얼 립 커스텀 매치(Sensual Lip Custom Match)'를 운영하고 있다. 헤라는 아모레퍼시픽의 뷰티 브랜드로, 스킨톤 파인더 기술을 활용해 고객 맞춤형 립스틱을 제작한다.

서비스 과정은 다음과 같다. 먼저 고객은 립스틱의 제형을 선택한 후, 스킨톤 파인더를 통해 피부색을 측정하고 피부의 색상, 명도, 채도를 분석한다. 이 분석 결과를 바탕으로 피부색에 어울리는 컬러를 추천하는 기술이 추가되어 있다. 추천된 컬러는 샘플 형태로 제공되며 고객은 이를 테스트하면서 맞춤형 커스터마이징(Customization) 과정을 진행한다. 이 과정에서 고객은 밝기를 조정하거나 색상을 추가하는 등 세밀한 조정이 가능하다. 조정된 샘플 컬러가 다시 제공되면 고객은 최종적으로 선호하는 컬러를 선정한다. 이후 립스틱 컬러가 완성되면 고객은 향료를 선택하고 제조 로봇이 주문한 형태의 립스틱을 제작한다. 이러한 과정은 AI 기술을 통해 분석 및 추천하는 방식을 넘어, 초개인화 맞춤형 서비스로 발전하고 있다(아모레퍼시픽, 2024).

AI를 기반으로 한 맞춤형 색조 화장품 제조 기술은 많은 기업들이 개발하기 위해 노력하고 있으며, 맞춤형 시장의 성장과 AI 기술의 접목으로 인해 업계는 빠르게 확장되고 있다. 이는 긍정적인 도전으로 평가되며 개인의 다양한 요구를 충족시키는 방향으로 나아가고 있다.

AI 조색으로 만들어진 맞춤형 염모제

LG생활건강(www.lghnh.com)은 미국의 파루크 시스템즈(Farouk Systems)와 공동 연구를 통해 AI 맞춤형 염모제 시스템인 'LG 씨에이치아이 컬러 마스터(LG CHI Color Master®)'를 개발했다. 이 시스템은 전문가가 원하는 색상이나 고객이 요청하는 색상을 선택하면 자동으로 조색해 제조하는 기술이다. LG생활건강은 "헤어스타일리스트의 염모제 제조에 대한 고민을 해소하고 낭비되는 염모제를 줄이기 위해 미용실에서 사용할 수 있는 기술을 개발했다"고 밝혔다.

일반적으로 헤어 스타일리스트는 고객의 모발을 염색할 때 직접 염모제를 계량해 제조한다. 그러나 헤어 전문가라 하더라도 염모제 제조에 대한 경험이 부족할 경우 어려움이 발생할 수 있다. 염모제의 특성상 색소의 발색이 즉시 확인되지 않기 때문에 헤어 스타일리스트는 직접 테스트를 통해 데이터를 축적하고 비율을 조정해 레시피를 개발해야 한다. 이러한 레시피를 기반으로 제조하더라도 제품이 변경되거나 새로운 컬러를 조색할 때는 예상되는 색상을 고려해 제조하게 된다. 미리 테스트하기 어려운 상황에서는 원하는 색상이 나오지 않을 경우 고객의 만족도가 저하되거나 테스트 후 버려지는 염모제가 증가하는 문제가 발생할 수 있다. LG생활건강은 이러한 문제를 인식하고 해결책을 마련한 것이다. 이 기술은 고객의 모발 상태를 분석해 염모제를 자동으로 추천하고 제조하며 레시피를 저장한다. 또한 고객이 선택한 컬러를 시뮬레이션으로 미리 확인할 수 있는 차별화된 고객 경험을 제공해 고객 만족도를 높인다.

염색 시술 시 염모제를 부족하지 않도록 넉넉하게 제조하는 과정에서 남은 염모제가 버려지는 문제도 간과하지 않았다. 염모제 카트리지(Cartridge)에 체크 밸브 시스템(Check Valve System)을 도입해 염모제 낭비를 줄이고 암모니아가 첨가되지 않은 안전한 카트리지를 제작했다. 더불어 색상 및 산화제 카트리지는 재활용 가능한 캔으로 제작해 폐기물을 줄이고 환경 친화성을 고려했다(LG생활건강, 2022).

AI 맞춤형 염모제 시스템은 헤어 디자이너의 전문성과 AI 기술의 정밀한 조색 능력을 결합해 염색 시술의 혁신을 이끌어 내고 있다. 이는 단순한 기술 혁신을 넘어, 정확한 염색 시술로 고객 만족도를 높이며 전문가들의 실무적인 고민을 해결하고 동시에 환경 보호까지 고려한 종합적인 솔루션이라 할 수 있다. 이처럼 AI 기술은 뷰티 산업에서 고객 만족, 전문성, 환경 보호라는 다양한 가치를 동시에 실현하는 핵심 동력으로 자리매김하고 있다.

참고문헌

아모레퍼시픽(2020). 아모레퍼시픽그룹 지속가능성 보고서.

아모레퍼시픽(2024.12.06). 헤라, 맞춤형 화장품 서비스 '센슈얼 립 커스텀 매치' 론칭. 아모레퍼시픽, https://stories.amorepacific.com/category/press/amorepacific-group/

코스맥스(2024.05.22). 코스맥스, 'AI 메이크업 개발' 시대

연다…'스마트 조색 AI 시스템' 구축. 코스맥스, https://www.cosmax.com/new/news/contents_press.asp?nIdx=304
LG생활건강(2022). 2022 LG생활건강 ESG 보고서.

07
증강 현실 적용 뷰티·패션 색채

증강 현실과 뷰티 및 패션 산업의 결합은 소비자에게 색다른 경험을 제공함으로써 새로운 소비 형태를 창출하고 있다. 이러한 경험은 단순히 맞춤형 소비에 대한 만족을 넘어, 개인별로 최적화된 제품을 제공하여 불필요한 구매를 줄이고 자원 낭비를 방지하는 친환경적 소비를 촉진한다.

AI와 윤동주?

뷰티·패션 업계의 증강 현실 활용

증강 현실 기술의 발전은 사용자가 가상 환경 속에서 객체와 실시간으로 상호 작용할 수 있는 경험을 제공하고 있다. 증강 현실은 사용자에게 디지털 요소를 매끄럽게 덧입히며, 직간접적인 경험을 동시에 제공하는 혁신적인 기술이다. 이러한 기술은 다양한 산업 분야에서 복합적으로 활용될 수 있으며 일상생활과 산업에 혁신적인 변화를 가져오고 있다.

특히 뷰티 산업과 패션 산업에서의 증강 현실 활용은 AI 기술의 발달과 함께 많은 브랜드에서 획기적인 활용 방안을 모색하고 있다. 시장 초기에는 간단한 색채 경험을 제공하는 데 그쳤으나 기술의 발전으로 다양한 스타일을 시험해 볼 수 있는 기능으로 발전했다. 이러한 경험은 소비자의 소비 경험을 개선하고 브랜드 인식을 높이는 데 기여하고 있다(이서안 · 박정아, 2024).

증강 현실 기술의 활용은 뷰티 및 패션 산업에서 특히 유용하다. 실제 세계에 디지털 요소를 덧입히는 이 기술을 통해 소비자의 피부색을 분석해 적합한 색채를 제안하고, 제품을 실제로 착용하지 않고도 가상으로 다양한 색상과 착장을 체험할 수 있다. 이러한 증강 현실 기술은 사용자들의 참여도를 높이고 바이럴 마케팅(Viral Marketing) 효과를 창출할 수 있는 잠재력을 지니고 있다. 소비자가 자신에게 어울리는 색상이나 의상을 찾는 과정에서 흥미를 느끼고, 이를 SNS에 공유하거나 입소문을 내는 경우가 많기 때문이다. 이러한 기술은 고객의 니즈를 파악하고 이해하는 데 도움을 주며, 소비자 만족도와 새로운 트렌드를 제시하는 중요한 요소로 자리 잡고 있다.

증강 현실 속 뷰티·패션 색채 경험

알고리즘 기반의 트렌드 분석과 제품 추천 기술, 그리고 사용자 분석 기술이 결합함으로써 새로운 형태의 소비 경험이 가능해지고 있다. 과거에는 화장품을 구매하기 위해 직접 매장을 방문해 테스트 후 구매하는 것이 일반적이었다. 옷을 구매할 때도 마찬가지로, 소비자는 자신에게 어울리는 색상의 옷을 직접 입어 보고 구매하는 과정을 거쳤다. 그러나 현재 다양한 브랜드는 가상의 공간에서 고객들에게 간접 체험을 제공할 수 있는 증강 현실 기술을 개발하고 있다. 소비자는 각 브랜드의 증강 현실 애플리케이션을 통해 화장품 컬러를 테스트하고 옷을 가상으로 착용해 볼 수 있게 되었다.

이러한 발전으로 인해 오프라인 매장은 운영이 어려워져 사라지거나 축소되고 있지만 이를 활용한 온라인

몰의 규모는 오히려 커지고 있다. 생성형 AI는 소비자에게 뷰티 및 패션 트렌드를 개인 맞춤형 정보와 제품으로 제공하며 실시간으로 소비자 반응을 분석해 외적 이미지를 넘어 라이프 스타일에도 영향을 미친다. 또한 증강 현실 기술을 활용해 사용자는 AI가 추천한 잘 어울리는 색상을 가상으로 경험할 수 있다. 이와 함께 가상으로 경험한 제품을 실제로 스타일링하거나 생산해 사용할 수 있도록 하는 혁신이 이루어지고 있다.

프랑스 뷰티 리테일 브랜드 '세포라(Sephora)'는 '가상의 아티스트(Virtual Artist)' 기능을 통해 소비자의 얼굴을 AI가 분석하고, 가상의 얼굴에 원하는 컬러를 원하는 위치에 적용해 실제 메이크업을 한 것과 같은 가상 효과를 제공한다. 미국의 패션 회사 '갭(Gap)'은 증강 현실 기술을 활용한 '드레싱 룸(Dressing Room)' 기능을 통해 소비자의 몸을 스캔하고, 개인 맞춤형 아바타(Customize Avatar)를 생성해 원하는 의상을 선택하고 착장을 경험할 수 있도록 하고 있다.

이러한 개인화된 맞춤형 경험은 소비자의 구매 결정에 큰 영향을 미친다. 국내 기업 앙트러리얼리티의 '트위닛(Twinit)'은 얼굴 사진을 분석해 퍼스널 컬러를 진단하는 솔루션을 제공하며 증강 현실 시뮬레이션을 접목해 사용자가 실시간으로 제품을 경험할 수 있게 했다. 정확하고 객관적인 분석과 진단, 실시간 색채 추천, 그리고 가상 고객 경험을 통해 제안받은 컬러가 마음에 들 때에는 해당 컬러의 제품을 구매할 수 있는 링크가 연결되는 구조로 발전했다.

이러한 과정에서 인력, 자원, 공간, 시간 등의 소비와 제약이 줄어드는 효과로 기업들은 지속적인 기술 개발에 힘쓰고 있다. 인간을 분석하고 개인에게 맞춤 색채를 제안하며 현실처럼 경험할 수 있는 기술이 발달함에 따라 다양한 분야에서 인간과 오프라인의 관계가 대체되거나 새로운 국면을 맞이하고 있다. 이러한 변화 속에서 우리는 인공지능을 활용해 색채를 어떤 방향으로 풀어낼 것인지에 대한 방법을 모색해야 할 것이다.

가상 체험의 소비 전환

AI 기술은 개인 맞춤형 추천을 제공하고, 증강 현실(AR)은 소비자가 구매 전 제품을 체험할 수 있는 기회를 제공한다. 이러한 기술의 결합은 초개인화에 맞춰 종합적인 뷰티 및 패션 경험을 제공하며(이호수, 2024), 증강 현실의 접목은 향후 연관 상품 판매로 이어져 구매 순환을 형성할 것으로 기대된다(안예은 외, 2024). 실제로 가상 현실 경험의 만족도는 구매 의도에 긍정적인 영향을 미쳐 소비를 촉진하는 것으로 나타났다(이현진, 2020; 김지나, 2023). 가상 경험을 통한 소비는 지속 가능한 생산으로 이어지며, 스캔 정보를 활용한 제품 생산을 통해 맞춤형 화장품과 의류를 제작함으로써 불필요한 낭비와 반품을 줄이고 환경에 미치는 영향을 감소시킬 수 있다(손명수, 2020).

또한, 증강 현실 기술은 수많은 오프라인 매장을 대체하며 온라인 산업의 성장을 촉진하고 있다. 현재의 기술은 화면을 통해 가상 현실을 경험하는 방식으로 많은 기업이 휴대성이 뛰어난 모바일 애플리케이션을 개발하고 있다. 그러나 이러한 기술에 만족하지 않고 더욱 현실감 있는 경험을 제공하기 위한 연구가 활발히 진행되고 있다. 예를 들어, AR 안경을 통해 사용자는 화면 없이도 일상생활 속에서 실제로 존재하는 제품을 만지고 의상을 착용해 보는 경험을 할 수 있도록 즉각적인 3D 객체 생성, 환경 매핑(Environment Mapping), 그리고 실제 객체와 AR 요소 간의 자연스러운 상호 작용을 가능하게 하는 기술이 개발되고 있다(손명수, 2020).

이러한 기술이 개발되고 상용화된다면, 일상생활부터 비즈니스에 이르기까지 많은 영향을 미치며 뷰티 산업이 혁신적으로 진화할 것으로 예상된다. 이 과정에서 뷰티 전문가는 맞춤형 팔레트로 제작한 제품이나 추천된 의상을 증강 현실의 가상 경험을 통해 더욱 세밀한 초개인화 영역에서 고객 만족을 이끌어 내야 한다. 최신 기술을 활용하는 뷰티 전문가들은 객관적인 분석을 수행하고, 창의적인 접근을 통해 색상을 추천하고 제작해 탁월한 결과를 얻을 수 있을 것이다.

참고문헌

김지나(2023). 증강 현실(Augmented Reality) 메이크업 체험에 따른 색조화장품 구매행동 연구. 성신여자대학교 뷰티융합대학원.

손명수(2020). 증강 현실 기반 브랜드 패션 코디네이션 시스템의 사용의도에 영향을 미치는 요인에 관한 연구. 숭실대학교 대학원.

안예은 외(2024). 안면 색상 데이터 분석 기반의 퍼스널 컬러 진단 및 가상 메이크업 애플리케이션 개발. ≪한국영상학회논문집≫, 22(2), 41-57쪽.

이서안·박정아(2024). 뷰티 산업에서 증강 현실(AR) 기술의 융합 사례와 시장 잠재력. ≪한국미용학회지≫, 30(6). 1470-1482쪽.

이현진(2020). 증강 현실(AR) 패션 애플리케이션 이용이 패션제품 구매의도에 미치는 영향: 통합기술수용이론 (UTAUT)을 중심으로. 경북대학교 대학원.

이호수(2024). 『생성형 AI 산업별 활용 트렌드』. 좋은습관연구소.

08
인공지능 색채 기술 활용

AI 색채 기술의 활용은 뷰티 전문가에게 있어 단순한 도구적인 측면을 넘어, 색채 디자인의 창의적 협력자로 기능하며, 뷰티와 예술의 경계를 허물고 새롭고 혁신적인 창작의 가능성을 제시한다.

AI와 한의학?

AI 예술과 뷰티 산업

예술 분야는 전통적으로 인간의 손을 통해 창조된 콘텐츠로 구성되어 있어 AI의 영향은 제한적일 것이라는 예측이 있었다. 그러나 생성형 AI의 출현으로 인해 예술계에도 전례 없는 변화가 일어나고 있다. 생성형 AI를 활용하면 인간의 창의성을 초월하는 새로운 콘텐츠 제작이 가능해지며, 이는 많은 디자이너와 아티스트가 대체될 것이라는 우려를 낳고 있다. 사실 상당수의 예술가들이 이러한 AI 기술로 인해 그들의 직업에 위기를 느끼고 있다.

그럼에도 불구하고, AI의 발달에 따른 직업 환경의 변화는 디자이너와 아티스트에게 새로운 기회를 제공하고 있다. 현재 그들은 AI를 효과적으로 활용해 적절한 프롬프트(Prompt)를 통해 더욱 창의적이고 초현실적인 콘텐츠를 제작하는 방향으로 나아가고 있으며, 이러한 변화는 시장의 흐름을 급격히 변화시키고 있다(이슬아 외, 2024).

예술과 뷰티 산업은 '아름다움 추구'라는 공통된 목표를 가지고 있으며 창의성과 표현력이 두 분야에서 중요한 역할을 한다. 뷰티 산업은 메이크업, 헤어스타일링, 패션 등 다양한 방식으로 개인의 아름다움을 표현하는 예술적 요소를 포함하고 있다. 따라서 뷰티 디자인은 예술의 한 영역으로 볼 수 있으며 AI의 발전은 이 두 분야 간의 경계를 허물고 새로운 창조적 가능성을 열어 주고 있다.

뷰티 디자인 생성형 AI는 일러스트나 화면 속 장면을 실제 사람이나 사물처럼 표현할 수 있는 수준으로 발전했다. 이러한 기술을 활용한 뷰티 디자인의 사례로는 이미지 생성형 AI인 '미드저니(Midjourney)'를 들 수 있다. 미드저니는 다양한 예술 사조와 기법을 접목시킨 작품을 제작하는 데 활용되고 있으며, 이는 AI의 창조적이고 독창적인 잠재력을 극대화하는 과정으로 볼 수 있다.

AI는 예술 사조와 기법을 분석하고 재해석하는 과정을 통해 각 작품의 아이덴티티와 시각적 언어를 구현한다. 이러한 분석을 바탕으로 미드저니를 활용해 모델을 생성하고, 그 모델에 메이크업이나 헤어스타일을 표현함으로써 최종 작품을 완성한다. 이 과정에서 AI는 단순한 도구를 넘어 예술적 창작의 동반자로서의 역할을 수행한다.

이세아와 한지수(2024)의 연구에 따르면, 이러한 AI 기반의 뷰티 디자인은 전통적인 디자인 프로세스를 혁신적으로 변화시키고 있으며, 디자이너와 소비자 간의 새로운 소통 방식을 제시한다. 이러한 변화는 광고 제작 과정에서도 뚜렷하게 나타난다. 과거에는 화장품 광고를 제작하기 위해 콘셉트 회의부터 시작해, 콘셉트에 맞는 모델을 섭외하고 촬영 후 편집 과정을 거쳤다. 그러나 새로운 기술의 도입으로 버추얼 인플루언서나 가상 인물을 제작해 브랜드와 콘셉트에 적합한 모델을 선정하는 방식으로 변화하고 있다(강은진, 2022). 이후 이러한 모델에게 콘셉트에 맞는 메이크업, 헤어스타일, 의상을 입히고 배경과 소품도 생성형 AI를 통해 제작해 광고를 만든다. 이로 인해 광고 제작에 필수적이었던 메이크업 아티스트, 헤어 아티스트, 패션 스타일리스트의 역할이 빠르게 대체되고 있다(장유진 · 이종근, 2023).

따라서 뷰티 전문가는 가상 세계에서 콘셉트에 맞는 메이크업, 헤어, 의상의 컬러를 표현할 수 있어야 하며, AI를 효과적으로 다루는 프롬프트 엔지니어링 능력을 갖춘다면 더 넓은 시장에서 활약할 기회를 얻을 수 있을 것이다. 뷰티 전문가들은 이러한 변화의 흐름을 주도적으로 이끌어갈 방안을 모색하며, AI와 함께 성장하는 미래를 그려 나가야 할 것이다.

AI의 도움으로 더욱 다양하고 창의적인 뷰티 디자인이 가능해짐에 따라 뷰티 산업은 새로운 차원으로 나아가고 있다. 이러한 변화는 앞으로의 뷰티 디자인 분야에서 AI의 역할이 더욱 중요해질 것임을 시사한다.

결국 AI의 발전은 뷰티와 예술의 경계를 허물고 두 분야 간의 상호 작용을 더욱 풍부하게 만들어 가고 있다. 이는 창조적 표현의 새로운 가능성을 열어 주며, 앞으로의 예술적 탐구에 있어 중요한 전환점을 제공할 것이다. 뷰티 전문가들은 AI를 새로운 기회의 요소로 바라봐야 하며 AI의 활용은 전문성과 창의성을 증폭시키는 도구로 작용하여 더욱 혁신적인 결과물을 제작하는 데 도움을 줄 것으로 기대된다.

AI 색채 디자인

AI를 활용한 색채 표현의 초기 모습은 매우 단순하고 일반적이었다. 창의적인 표현을 요구하기에는 문맥을 이해하거나 감정적, 문화적 차이를 인식하는 능력이 부족해 독창적인 작품을 제작하는 것에는 한계가 있을 것으로 예상되었다. 그러나 AI 기술의 발전은 창조적인 색채 표현이 가능한 수준으로 급격히 성장했다.

대표적인 예로 '어도비 센세이(Adobe Sensei)'의 색채 시스템이 있다. 이 시스템은 'HSV군, LAB 컬러, RGB 색채 군, CMYK 색채 군'의 네 가지 주요 색채 군을 기반으로 작동한다. HSV군은 색상(Hue), 채도(Saturation), 명도(Value)를 기반으로 해 기본 색채를 실습하고 직관적인 색채 이해와 조작을 가능하게 한다. LAB 컬러는 웹디자인과 안전색을 기반으로 해 웹 브라우저 및 다양한 디지털 기기에서 안정적인 색채 구현을 지원하는 웹 안전색(Web Safe Colors)이다. RGB 색채 군은 빨강(Red), 초록(Green), 파랑(Blue)의 삼원색을 기반으로 해 화면에서 구현되는 빛의 배색과 조색을 다룬다. CMYK 색채군은 인쇄 출력물을 중심으로 색채가 표현되며, 시안(Cyan), 마젠타(Magenta), 노랑(Yellow), 검정(Key)의 네 가지 색상을 기본으로 해 디지털 작업물이 실제 인쇄될 때를 예측하고 조절할 수 있도록 하며, 이 영역은 색상 차이를 최소화하는 데 중요한 역할을 한다.

어도비 센세이의 AI 핵심 기능은 '하모니제이션(Harmonization), 컬러라이즈(Colorize), 컬러 트랜스퍼(Color Transfer)'다. 하모니제이션 기능은 배경 레이어와 오브제의 색상 조화를 자동으로 분석하고 조정한다. AI는 자동으로 가장 조화로운 색상 조합을 제안하며, 사용자가 수동으로 미세 조정할 수도 있다. 컬러라이즈 기능은 이미지의 특정 영역의 색상을 AI를 통해 조정할 수 있게 하며 사용자가 원하는 색상 영역을 지정하면 AI가 색상을 자연스럽게 변경하고 전체적인 색의 균형을 맞춰 준다. 컬러트랜스퍼 기능은 레퍼런스 이미지의 색상을 선택하면 AI가 자동으로 색상 매칭을 진행해 수정할 이미지의 색상을 변화시킨다(조현경, 2022).

이러한 디지털 색채 활용은 AI와 결합해 전문적인 수준의 색채 디자인을 쉽게 수행할 수 있게 했다. 인력으로 해결했던 뷰티 색채 분야는 AI의 활용으로 새로운 영역이 열린 것이다. 앞으로 더욱 발전할 기술의 접목은 무궁무진한 뷰티 색채 산업의 발전을 가져올 것으로 예상된다. AI는 단순한 도구를 넘어, 색채 디자인의 창조적 파트너로 자리 잡으며, 디자이너와 소비자 간의 새로운 소통 방식을 제시할 것이다.

참고문헌

강은진(2022). 국내외 미디어콘텐츠 산업 내 디지털 휴먼 활용 사례. ≪한국방송통신전파진흥원≫, 52, 17-34쪽.

오평·김현석(2024). AI 생성 아르누보 스타일의 문양을 뷰티 디자인에서 적용에 연구. ≪한국디자인학회≫, 2024(11), 74-75쪽.

이세아·한지수(2024). 피카소의 큐비즘 표현기법과 AI 미드저니를 활용한 아트마스트 디자인 연구. ≪한국인체미용예술학회지≫, 25(3), 7-19쪽.

이슬아 외(2024). 생성형 AI를 활용한 포스트휴먼 아트메이크업 디자인 연구. ≪국제보건미용학회≫, 2024(5), 43-45쪽.
장유진·이종근(2023). 광고사진에서 AI(인공지능) 이미지의 가능성에 관한 연구. 뷰티 모델 촬영을 중심으로. ≪현대사진영상학회≫, 26(2), 71-84쪽.
정지혜 외(2024). 초현실주의와 이미지 생성형 AI를 이용한 회화적 메이크업 작품제작. ≪한국인체미용예술학회지≫, 25(3), 119-131쪽.
조현경(2022). 어도비 AI 지능을 활용한 디지털 색채 실습에 관한 적용방식 연구. ≪국제문화기술진흥원≫, 8(6), 801-806쪽.

09
학교에서 만나는 AI 색채

인공지능과 색채 교육의 융합은 새로운 경험과 몰입도를 제공하며, 학습성과를 향상시키는 데 기여한다. AI 색채 융합 교육은 공간과 대상에 제약 없이 학생들에게 다양한 색채 경험을 가능하게 하고, 퍼스널 컬러, 메이크업, 헤어, 네일 등 뷰티 교육에 응용할 수 있다. 이는 미래의 뷰티 교육 및 색채 실무에 새로운 가능성을 제시할 것이다.

AI와 화장품?

AI와 교육

디지털 시대의 도래와 함께 교육은 빠르게 변화하고 있으며, 최신 디지털 기술의 도입은 이러한 변화를 더욱 가속화시키고 있다. 유네스코(United Nations Educational Scientific and Cultural Organization: UNESCO) 사무총장 오드레 아줄레(Audrey Azoulay)는 인공지능이 교육 분야에 혁신을 가져올 것이라고 강조했다. 전 세계적으로 미래 인재들이 인공지능 활용 능력을 필수적으로 갖출 수 있도록 각국이 국가 차원에서 노력하고 있으며, 국내에서도 인공지능이 주도하는 디지털 시대에 발맞추어 디지털 교육으로의 전환이 이루어지고 있다(송선진, 2023).

교육 분야에서 인공지능은 단순한 도구의 역할을 넘어, 학습 과정과 방법에 대해 보다 정교하게 접근함으로써 학습자의 학습 경험을 향상시키는 데 기여한다. 인공지능은 개인 맞춤형 학습 경로를 제공하고, 학습자의 진행 상황을 실시간으로 모니터링하여 필요한 지원을 적시에 제공할 수 있는 능력을 갖추고 있다. 인공지능 기술과 교육의 융합은 교사와 학습자 간의 상호 작용을 강화하고, 학습자의 이해도를 높이며, 전반적인 교육 효과성을 증대시키는 데 중요한 역할을 할 것으로 기대된다.

에듀테크

에듀테크(EduTech)는 교육(Education)과 기술(Technology)의 융합을 의미하며, 교육에 첨단 기술의 결합을 통해 새로운 교육 패러다임을 가져온다. 에듀테크는 기존의 학습 시스템에 빅데이터, 인공지능, 가상 현실 및 증강 현실 등 첨단 기술이 융합되어 개인 맞춤형 학습을 실현하는 교육을 의미한다. 에듀테크를 통해 한 명의 교사가 다수의 학생을 대상으로 하는 강의식 수업의 한계를 뛰어넘을 수 있게 되었으며, '개인 맞춤형 학습'이 가능해진 것이다(삼일PwC경영연구원, 2024).

에듀테크는 양질의 교육 경험을 제공하여 학습자의 몰입도를 높이고, 교육의 시간적, 공간적 제약을 해소할 수 있다. 또한, 인공지능을 활용하여 학습자에게 맞춤형 교육을 제공하고, 교육 플랫폼을 통해 학습 관리 및 자료 공유를 용이하게 해 학습자와 교수자 간의 의사소통을 원활하게 한다.

예를 들면 증강 현실과 가상 현실 기반의 학습을 통해 학습자들은 가상 환경에서 실습과 실험을 경험할 수 있다. 또한 가상 현실을 기반으로 한 학습 플랫폼 메타버스를 통해 학습자들은 가상 공간에서 다양한 학습 활동을 수행할 수 있다. 예로 인터넷 기반의 세컨드 라이프(Second Life)

플랫폼에서 미국의 100개 지역에서 다양한 교과목 수업을 진행한 사례가 있다(Pence, 2007).

멘티미터(Mentimeter, 온라인에서 실시간으로 참여자의 다양한 의견과 생각을 공유할 수 있는 웹 애플리케이션), 캔바(Canva, 그래픽 디자인 플랫폼), Chat GPT와 같은 다양한 디지털 도구들은 실시간 피드백, 창의적 표현, 그리고 개인 맞춤형 학습 지원을 통해 학습 경험을 풍부하게 만든다(김혜영, 2024).

AI 색채 융합 교육

현대 뷰티 산업의 발전에 발맞추기 위해 인공지능 기술과 색채 교육의 융합은 필수적이다. 색채 디자인은 뷰티 산업의 실무, 연구 및 교육 분야에서 핵심적인 역할을 하며, 이러한 융합은 뷰티 전문가들이 최신 색채 트렌드와 디자인 기술을 효과적으로 활용할 수 있도록 지원한다.

색채를 깊이 이해하기 위해서는 색채에 대한 폭넓은 경험이 필요다. 증강 현실 기술을 적용한 수업 도구는 가상 색조 메이크업과 헤어 컬러 스타일링을 가능하게 해 학생들이 실제 제품을 사용하지 않고도 다양한 스타일의 컬러를 시도해 볼 수 있도록 해 준다. 이러한 경험은 색 사용에 대한 창의성과 미적 감각을 키우는 데 매우 중요하다.

인공지능을 활용한 퍼스널 컬러 분석 및 맞춤형 컬러 솔루션 제공과 같은 혁신적인 접근은 학생들이 개인의 특성에 맞는 색채를 이해하고 적용하는 데 큰 도움을 준다. 퍼스널 컬러 교육은 인체를 대상으로 관찰하고 숙련된 기술력을 확보하기 위해 다양한 사례에서 풍부한 진단 경험과 컬러 코디네이션 실습이 필요하지만 현실적으로 충분한 임상 상황을 확보하기가 어렵다. 더불어 뷰티 서비스의 직종 특성상 1:1 방식의 훈련으로 진행되기 때문에 퍼스널 컬러 진단 시스템에 표준화된 교육 방식이 없는 실정이다.

또한 인간을 대상으로 색조 화장품을 적용하고 의상을 갈아입혀 조화를 확인하는 과정에서 피부 질환 및 기타 윤리적 문제, 실습으로 인한 모델과 훈련생의 피로도 증가, 인건비 등의 문제들이 발생할 수 있다. 이러한 문제들은 뷰티 분야뿐만 아니라 다양한 분야에서 인간 대상의 교육을 진행하는 데 있어 공통으로 나타나는 현상일 것이다. 이러한 문제를 해결하기 위해 가상 현실 기반의 교육 및 프로그램들이 연구 및 개발되고 있다.

실제로 가상 현실 기반 퍼스널 컬러 교육 프로그램이 연구되고 있으며, 이는 가상 현실 환경 내에서 다양한 인체 사례를 대상으로 표준화된 퍼스널 컬러 진단을 실습할 수 있는 실감형 교육 콘텐츠다. 현재 VR 환경 내에서 실제 다양한 인체 사례를 기반으로 제작된 아바타를 대상으로 한 퍼스널 컬러 진단을 실습할 수 있는 실감형 교육 프로그램이 연구되고 있다.

이 실감형 교육 프로그램은 실제 퍼스널 컬러 진단 사례를 바탕으로 사람의 피부색, 머리카락 색, 눈동자 색을 적용한 아바타를 직접 생성하고, 이를 통해 퍼스널 컬러 진단 실습을 진행한다. 이러한 접근 방식은 가상 현실 환경 내에서 색과 인체의 조화를 이해하고 최적의 퍼스널 컬러를 찾아낼 수 있도록 하며, 물리적 제약 없이 반복 훈련을 가능하게 한다. 또한 실제 임상에서 경험하기 어려운 다양한 상황을 VR에서 훈련할 수 있도록 해 학생들에게 새로운 색채 경험을 제공하고, 다양한 상황에 효과적으로 대처할 수 있는 교육프로그램으로 발전할 것으로 기대된다(김햇님 · 김선형, 2024).

AI 기반 색채 교육 혁신에 대한 준비

현대 교육 환경에서 인공지능 기술의 발전은 뷰티 색채 교육에 혁신적인 변화를 불러오고 있다. 이러한 변화에 효과적으로 대응하기 위해서는 교수자 연수 프로그램

강화, 디지털 인프라 확충, 지속적인 연구와 평가, 그리고 학생 중심의 학습 환경 조성이 필수적이다.

우선 교수자 연수 프로그램을 체계적으로 개선해 교수자들이 디지털 도구를 효과적으로 활용할 수 있도록 지원해야 한다. 이를 통해 새로운 기술을 숙달하고 교육 과정에 통합함으로써 학생들에게 최적의 학습 환경을 제공할 수 있다. 또한 교육 기관은 학생들이 원활하게 디지털 도구를 활용할 수 있도록 고속 인터넷, 최신 디지털 기기, 소프트웨어 라이센스 등 디지털 인프라를 확충해야 하며, 다양한 학습 환경에서 디지털 도구의 효과를 비교하는 지속적인 연구와 평가가 필요하다. 학습자들의 피드백을 반영해 교육 프로그램을 개선함으로써 교육의 질을 높이고 학생들의 학습 경험을 향상시킬 수 있다.

마지막으로 학생 중심의 학습 환경을 조성해 학생들이 자율적으로 학습 목표를 설정하고 학습 과정을 조절할 수 있는 기회를 제공해야 한다. 이러한 환경은 학생들의 자기주도적 학습 능력을 향상시키는 데 기여할 것이다(김혜영, 2024).

결론적으로 인공지능과 색채의 융합은 미래의 뷰티 교육 및 실무에 중요한 전환점을 마련할 것으로 기대된다. 이러한 노력을 통해 변화하는 교육 환경에 적응하고,

학생들에게 다양한 경험을 필요로 하는 색채 교육에서 더 나은 학습 경험을 제공할 수 있을 것이다.

참고문헌

김혜영(2024). 융합 디지털 기술 기반 협력 학습환경의 설계와 교육적 효과. ≪한국뷰티아트학회지≫, 21(1), 99-114쪽.

김햇님·김선형(2024). 4차 산업혁명 신기술 융합 뷰티 교육 프로그램(VR기반 퍼스널 컬러 교육 프로그램) 개발. ≪한국미용학회지≫, 30(4), 738-745쪽.

문서영·김연아(2024). 생성형 AI를 활용한 뷰티 융합교과목 개발연구. ≪한국인체미용예술학회지≫, 25(4), 123-147쪽.

삼일PwC경영연구원(2024.2). 초개인화 학습의 혁명이 시작된다: 에듀테크. *Paradigm Shift*, 6.

송선진(2023.4). 디지털 기반 교육혁신으로 '모두를 위한 맞춤 교육 시대' 연다. KDI 경제교육·정보센터, https://eiec.kdi.re.kr/publish/naraView.do?fcode=00002000040000100001&cidx=14254

전병운 외(2020). 머신러닝과 증강 현실 텍스쳐 합성 기술에 기반한 퍼스널 컬러 진단 시스템 설계. ≪한국엔터테인먼트 산업학회 학술대회 논문집≫, 2020(5), 58-61쪽.

최숙영(2023). AI 융합교육의 이해와 해결 과제 에 대한 고찰. ≪산업융합연구≫, 21(1), 147-157쪽.

최에스더(2022). 디지털 전환 시대에 대응하는 뷰티 교육의 패러다임 변화: 화장품·뷰티 산업 트렌드 분석을 중심으로. ≪한국미용학회지≫, 28(4), 675-688쪽.

Pence. H. E.(2007). The homeless professor in Second Life. *Journal of educational technology systems*, 36(2), pp.171–177.

10
뷰티 색채의 현재와 미래

인공지능 기술의 발전은 뷰티 산업의 색채 기술에 혁신적인 변화를 가져오고 있다. 인공지능 기술과 색채의 융합은 뷰티 전문가의 작업 효율성을 극대화시킨다. 이러한 기술의 발전은 앞으로 더욱더 개인화된 뷰티 색채 경험을 제공하고, 다양한 산업 간 경계를 허물어 통합된 컬러 솔루션을 제시할 것이다.

종교와 AI?

뷰티 색채 기술의 변화

인공지능 기술과 색채의 융합은 뷰티 산업 전반에 걸쳐 혁신적인 변화를 이끌고 있다. 특히 색채 기술 분야에서 AI는 전문가의 작업 효율성과 창의성 그리고 소비자의 만족도를 크게 향상시키며, 뷰티 관련 교육과 실무 응용 분야에서도 많은 변화를 불러왔다. AI 기술은 뷰티 색채 서비스 프로세스를 간소화하고, 시간과 자원 요구를 줄이며, 비용 효율성과 생산성을 높이는 데 도움을 주고 있다.

2025년 마켓 리서치 보고에 따르면, 인공지능 색상 분류 기술은 알고리즘을 활용해 색상 및 콘텐츠별로 정확하게 식별하고 분류함으로써 효율성과 정밀성을 제공한다. 이러한 기술 덕분에 뷰티 전문가들은 고객에게 헤어, 메이크업, 네일아트 등 뷰티 서비스에 있어 색상을 직접 시연하지 않고도 빠르게 어울리는 컬러를 제안할 수 있게 되었다. 이에 따라 뷰티 전문가들은 평소 사용하던 한정된 색채 범위를 넘어 퍼스널 컬러 이론과 트렌드 컬러 그리고 개개인의 다양한 스타일링에 맞춘 폭넓은 컬러 옵션을 활용할 수 있게 된 것이다.

화장품 산업에서도 개인의 피부색과 취향에 최적화된 색조 화장품을 제조하거나 소비자가 선호하는 색상 조합을 추천받을 수 있는 시스템이 도입되고 있다. 이러한 맞춤형 서비스는 소비자에게 더욱 만족스러운 경험을 제공하고 브랜드의 경쟁력을 높이는 데 기여하고 있다.

헤어와 네일 분야에서도 인공지능 색채 기술의 활용을 볼 수 있다. 소비자는 실제로 염색을 하지 않고도 전문가의 제안 또는 자신의 선호에 따라 다양한 헤어 컬러를 가상으로 체험할 수 있으며 네일 컬러를 직접 시술하기 전에 여러 가지 컬러를 시뮬레이션해 볼 수 있게 된 것이다. 이러한 뷰티 색채 가상 체험은 소비자가 자신에게 어울리는 색상을 선택하는 데 큰 도움을 주며 결과적으로 뷰티 전문가의 시간과 노력을 절약해 준다.

AI 기술과 색채의 융합은 소비자의 만족도를 높이는 동시에 퍼스널 컬러 전문가와 메이크업, 헤어, 네일 아티스트 등 뷰티 전문가의 작업 효율성을 극대화하고 있다. 이러한 발전은 앞으로 뷰티 산업의 미래를 더욱 밝게 할 것으로 기대된다. 또한 단순한 기술적 발전을 넘어 소비자와 전문가 간의 상호 작용을 혁신적으로 변화시키고 더욱 개인화된 뷰티 색채 경험을 제공하는 데 중요한 역할을 할 것으로 보인다.

초개인화 트렌드의 가속화와 함께 인공지능, 가상 현실, 사물인터넷 등 첨단 기술이 빠르게 발전함에 따라 뷰티 색채 또한 더욱 새롭고 다양한 색채와 색채 디자인이 쏟아져 나올 것이다. 색채는 인간의 감성을 좌우하는 매우 섬세한 분야로, 뷰티 전문가와 인공지능의 협업은 새로운 색채에 대한 아이디어와 색채 경험을 창출할 것으로 기대된다.

이에 AI를 뷰티 전문가가 창의성의 한계를 뛰어넘도록 돕는 수단으로 인식하고 협업한다면, 이는 소비자가 원하는 것을 실시간으로 이해하고 창의적인 디자인과 강력한 전략을 수립하는 데 큰 도움이 될 것이다. 디지털 시대에 인간이 인공지능을 도구로 운영할 뿐 아니라, 공동 창조 시스템에 참여해 상호 작용하는 것은 인간 디자이너의 창작 과정에 영감을 주고 창의성을 강화할 것이다. 또한 다양한 영역의 지식과 정보를 융합한 결과물을 생성해 색채 디자이너가 지속적으로 창의적 색채 디자인을 도출하도록 자극할 수 있을 것이다(정경희 · 이미숙, 2023).

결론적으로 앞으로 인공지능 색채 기술은 뷰티, 패션, 인테리어 등 다양한 산업 간의 경계를 허물고 통합된 솔루션을 제공할 것으로 기대된다. 이러한 변화는 앞으로의 뷰티 산업에 혁신적인 변화를 불러오고, 소비자에게 더욱 풍부하고 개인화된 색채 경험을 선사할 것이다.

윤리적 문제에 대한 고찰

인공지능 기술과 뷰티 산업 색채의 융합은 다양한 가능성과 편익을 제공하지만, 동시에 여러 가지 윤리적 문제도 동반하고 있다. 개인정보 보호, 편향된 색채 추천 시스템, 과도한 의존성, 그리고 잘못된 정보의 확산 등은 이러한 역기능의 주요 사례로 지적되고 있다(이순례, 2024). 따라서 뷰티 전문가들은 AI 기술과 뷰티 산업의 융합에서 발생하는 윤리적 문제를 인식하고 이를 해결하기 위한 방안을 모색해야 한다.

우선 고객의 개인정보를 안전하게 보호하기 위한 절차를 마련해야 한다. AI 시스템이 특정 성별이나 퍼스널 컬러 유형에 대해 편향된 색채 추천을 할 수 있으므로 이러한 편향성을 인식하고 개선하기 위한 노력이 필요하다. 또한 뷰티 전문가들이 AI 기술에 과도하게 의존하게 되면 전문성과 창의성이 결여되거나 고객의 개별적인 간과할 위험이 있다. 따라서 AI를 보조 도구로 활용하되, 고객과의 소통을 통해 개인 맞춤형 색채 솔루션을 제공해야 할 것이다.

마지막으로 AI가 생성한 정보가 잘못된 경우, 고객에게 잘못된 뷰티 솔루션 제안을 할 수 있다. 뷰티 전문가들은 정보를 무한 신뢰하기보다는 전문성을 바탕으로 신뢰할 수 있는 솔루션을 제공하기 위해 노력해야 한다(임미지, 2024).

AI 기반 알고리즘을 활용한 선호색 및 퍼스널 컬러를 반영한 개인 맞춤형 뷰티 색채 제안은 소비자에게 큰 이점을 제공한다. 그러나 퍼스널 컬러, 메이크업, 헤어, 네일 등 뷰티 서비스 실무 영역에서 인간 전문가의 역할과 가치는 여전히 중요하다. 인간만이 가진 감성과 창의성은 소비자와의 소통 및 섬세함이 요구되는 뷰티 서비스에서 필수적이며, AI 기술이 제공하는 데이터와 분석 결과 그리고 체험은 이를 보조하는 역할을 한다.

결론적으로, AI와 뷰티 색채의 융합은 혁신적인 변화를 불러오고 있지만, 인간 전문가의 가치는 여전히 중요하며 AI 기술 사용에 있어 발생하는 윤리적 문제를 간과해서는 안 된다. 인간 전문가와 AI의 협업을 통해 새로운 색채 기술을 활용해 소비자에게 더욱 풍부하고 개인화된 색채 솔루션을 제공하면서도, 윤리적 기준을 준수하는 것이 앞으로의 중요한 과제가 될 것이다.

참고문헌

김주연(2024). 인공지능 기술 기반의 색채 활용에 관한 문헌 연구. ≪한국색채학회 논문집≫, 38(3), 56-71쪽.

배윤지(2024). 패션 디자인과 생성형 AI: 창작물의 범주와 윤리적 과제. ≪한국의류산업학회지≫, 26(4), 326-338쪽.

이순례(2024). 생성형 AI 기반 뷰티 테크 사례 연구: 이미지 생성 분야를 중심으로. ≪한국인체미용예술학회지≫, 25(3), 283-296쪽.

임미지(2024). AI 뷰티상품 추천 알고리즘의 서비스 특성이 지속 이용 의도에 미치는 영향에 관한 연구: 인스타그램 20-30대 사용자 중심으로. ≪지속가능경영연구학회지≫, 8(4), 223-242쪽.

정경희·이미숙(2023). 패션 디자인에서의 인간-AI 공동창조 (HAIC) 사례 연구. ≪패션 비즈니스≫, 27(4), 141-162쪽.

한누리(2024.5.19). [AI미래 2050] 인공지능 기술의 한계 극복할 수 있을까?..."데이터 편향, 인공지능의 치명적인 함정". ≪AI라이프경제≫, https://www.aifnlife.co.kr/news/articleView.html?idxno=23295

Eliezer Yudkowsky.(2006.08.31). Artificial Intelligence as a Positive and Negative Factor in Global Risk. Singularity Institute for Artificial Intelligence.

최영미

퍼스널 스타일링 업체 '컬러데이즈'의 대표로, 건국대학교, 호원대학교, 화성의과학대학교에서 외래 교수로 재직 중이다. 건국대학교 화장품공학과에서 "퍼스널 컬러 유형별 파운데이션 컬러 분류체계 구축 및 이를 활용한 구매의도에 관한 연구"로 박사 학위를 받았다. "퍼스널 컬러를 적용한 파운데이션 컬러 분류 연구"(2024) 논문을 아시아뷰티학회에 게재했으며 "퍼스널 컬러 인식이 퍼스널 컬러를 적용한 파운데이션 구매의도에 미치는 영향"(2024) 논문을 한국미용예술경영학회에 게재했다. 월드뷰티아트협회 퍼스널 컬러 디자이너 강사 인증 과정 및 국가자격 컬러리스트 과정을 교육했으며, 현재 퍼스널 스타일리스트로 활동하고 있다. 공저로는 『컬러리스트 한 권으로 끝내기』(2022, 2023)가 있다.

김윤지

퍼스널 컬러 업체 '레츄 이미지' 대표다. 건국대학교 산업대학원 뷰티이미지학 뷰티이미지 전공 "20대 남자 대학생의 퍼스널 컬러 진단이 외모관리 인식과 행동, 외모관리 기대행동에 미치는 영향"으로 석사 학위를 받았다. 메이크업 아티스트 겸 퍼스널 컬러 컨설턴트로 활동하고 있다.